神戸市の抑留所と抑留された外国人

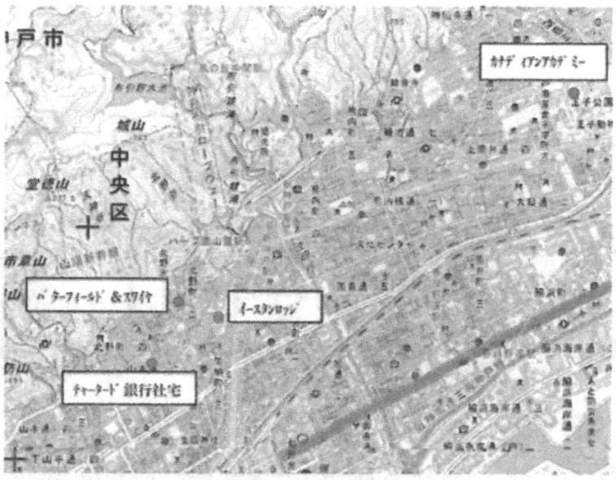

第1抑留所（灘区青谷町1-526）カナディアンアカデミー寄宿舎（グロスターハウス）1991年六甲アイランドに移転後取り壊し

https://www.city.kobe.lg.jp/information/public/online/hyakkei-tanjo/accompany/001-6.html より

井川宏之さん提供(1976年)

第1抑留所カナディアンアカデミーで抑留者集合写真（1943） *Trapped with the Enemy*より

Monday, 8th March 1943, The Canadian Academy, Kobe

横浜山手外国人墓地21区にある神戸の抑留者の墓 W. H. HICKMAN

＜資料集＞
アジア・太平洋戦争下の「敵国」民間人抑留
―神戸の場合―

第1抑留所カナディアンアカデミーで抑留者集合写真
（1943） *Trapped with the Enemy* より

Monday, 8th March 1943, The Canadian Academy, Kobe

小宮まゆみさんのパワーポイントより

発行に際して

＜アジア・太平洋戦争下の「敵国」民間人抑留＞の問題は、その事実がよく知られているわけではありません。神戸にも抑留所がありました。

「神戸港における戦時下朝鮮人･中国人強制連行を調査する会」(代表・安井三吉)は、調査の過程でその事実を知りました。会では、4月9日(2022年)、『敵国人抑留－戦時下の外国民間人』(吉川弘文館、2009/2/1)を書かれた小宮まゆみさんを講師にZOOM講演会を開催しました。小宮さんは新しい資料も紹介しながらすばらしい講演をしてくださいました。会では、この事実を広く知っていただくために、講演会でのレジメ等をもとにした資料集を発行することにしました。ご覧いただければ幸いです。

(※２８～３１頁に収録した「神戸市の裏山にあった外人抑留所・再度キャンプ」の鴻山俊雄(日華月報))さんに許可を得るべく連絡しましたが連絡がとれませんでした。鴻山さんあるいはお知り合いの方から連絡いただければ幸いです。)

２０２２年4月25日
神戸港における戦時下朝鮮人･中国人強制連行を調査する会

＜目次＞　(頁)

まえがき／目次　1
アジア・太平洋戦争下の「敵国」民間人抑留―神戸の場合―　小宮まゆみ
　講演パワーポイント　2
　レジメ　１２
　名簿１　神戸の在日外国人抑留者　１７
　名簿２　神戸のグアム島アメリカ人抑留者　１９
　名簿３　兵庫県の修道女等女子抑留者　２１
　兵庫等の民間人抑留者年表　２２
「アシスト自転車、再度山、そして、「敵国人」抑留所」飛田雄一(むくげ通信)　２３
「神戸市の裏山にあった外人抑留所・再度キャンプ」鴻山俊雄(日華月報)　２８
「神戸にあった捕虜収容所と敵性外国民間人収容所」福林徹　３２
「ミス・リー『戦中覚え書き』に記された敵性外国人抑留所・捕虜収容所」山内英正　５４
ZOOM講演会のチラシ再録　５６

神戸港平和の碑の集い

アジア・太平洋戦争下の「敵国」民間人抑留
ー神戸の場合ー

2022年4月9日　小宮まゆみ

1

HARRY JOHN GRIFFITHS

Site of former Canadian Academy after bombing of Kobe, 17 Mar 1945

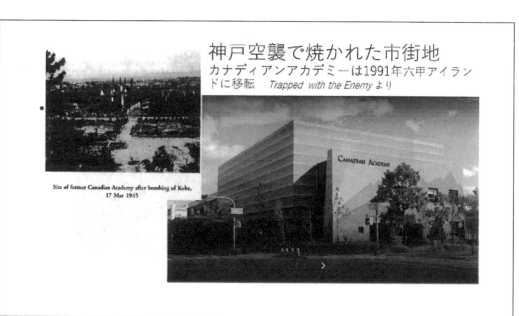

神戸空襲で焼かれた市街地

カナディアンアカデミーは1991年六甲アイランドに移転　*Trapped with the Enemy* より

第2抑留所（神戸区北野町1-24）イースタンロッジ
跡地にある神戸電子専門学校

第2抑留所の抑留者

グアム島米兵の妻
ルビー・ヘルマースと女児

図 26 米人母娘
出典：『善通寺俘虜収容所 記録写真』／善 9-31.

小林聖心女学院の修道女

二代目 マザー・シェルドン

第3抑留所（北野町2丁目50）
バターフィールド＆スワイヤ汽船宿舎

芝生で日向ぼつこ
ほつとひと息 抑留米人神戸の第一日

芝生に憩ふ抑留米人たち

神戸新聞1942年1月24日

第4抑留所 チャータード銀行社宅（神戸区山本通2-9）
旧スタデニック邸

今も残るスタデニック邸

第4抑留所のグアム島アメリカ人

Somehow, We'll Survive より

Propaganda Photo of Marks House Prisoners (ca. 1943)

現在メデュウム邸として整備

1944年5月26日
再度山の抑留所
へ移転

米公文書館所蔵
工藤洋三氏提供

東京新聞1994年11月30日

一日パン一切れ
ミサ禁止の罰も

戦時中の抑留外国人の実

9

B29による救援物資投下

*Trapped with the Enemy*より

B-29 dropping supplies on the camp after the surrender. Photo by Jack Taylor

再度山に抑留されたグアム島アメリカ人たち

Trapped with the Enemy より

Futatabi—1945. Packing for home and airing bedding to kill bedbugs. My room on top left. Photo by Jack Taylor with borrowed camera

戦後建てられた 障がい者施設ひふみ園と若者の家

<神戸港 平和の碑>の集い２０２２ in ZOOM

アジア・太平洋戦争下の「敵国」民間人抑留 ―神戸の場合―

2022年4月9日　小宮まゆみ

1.日本国内における「敵国人抑留」の概況

①在日外国人の抑留

第二次世界大戦中、アメリカ合衆国では約12万人の日系人強制収容が行われた。一方日本でも開戦前から特高警察による外国人の身辺調査が行われ、開戦と同時に連合国側国籍の民間人（敵国人）の抑留が行われた。開戦当初は抑留対象と考えられたのは在日外国人だけだった。

第Ⅰ期 成人男性の抑留（1941年12月～）

開戦時の敵国人抑留の対象は成人男子だった。1941年12月8日の開戦から、18歳以上の男性が一斉に「敵国人抑留所」へ抑留された。抑留所は全国34か所、計342人の外国人が抑留された。42年3月抑留所は宮城（仙台市）、東京、神奈川（横浜市）、兵庫（神戸市）、広島（三次市）、長崎（長崎市）の6都県に統合された。42年6月第1次日米交換船が派遣され、抑留所からも米国人等76人が帰国、7月日英交換船が派遣され英・蘭・ベルギー人等60人が帰国した。

第Ⅱ期 女性を含む教師・宣教師・修道女の抑留（1942年9月～）

1942年9月敵国人抑留の対象が拡大され、女性を含む教師・宣教師・修道女・保母を対象に152人が抑留された。また9月予定されていた第2次日米交換船が中止され、横浜と神戸に集結した外国人はそのまま抑留された。その後43年9月に実現した第2次日米交換船により、73人の抑留米国人が帰国した。

第Ⅲ期 イタリア降伏に伴うイタリア人の抑留　（1943年10月～）

1943年9月三国同盟の一角イタリアが連合国に降伏、10月ドイツに宣戦布告したため、イタリア人は敵国人扱いとなり58人が抑留された。また1943年12月、横浜市山手など神奈川県内在住の外国人の一部である老人、女性、子ども計33人が、厚木市七沢の温泉旅館に抑留された。戦況の悪化とともに抑留所の待遇も劣悪になり死亡者も増えていった。

第Ⅳ期 フランス人、ポーランド人などの抑留と抑留所の地方移転（1945年5月頃～）

1945年5月ドイツが降伏し、ドイツ人を箱根や軽井沢へ強制疎開させた。九州では7月から外国人の根こそぎ抑留がおこなわれ、中立国扱いだったフランス人ポーランド人など89人が新たに抑留された。空襲の激化とともに、市街地にあった抑留所は順次地方に移転させた。

② 海外から連行された外国民間人の抑留

一方戦争の進展とともに、多数の捕虜や民間人が日本に連行され、収容されるということが始まった。1942年1月のグアム島占領の際に捕らえられた民間人は神戸市内で抑留された。その後もニューブリテン島ラバウル占領、アリューシャン列島アッツ島占領、ドイツ軍によるインド洋航行中の英国船の拿捕などに伴い、海外から敵国民間人を連行して抑留することが続いた。彼ら海外から連行された外国人には交換船による帰国の機会も与えられず、その抑留生活は在日外国人に比べると一層厳しかった。

戦争全期間を通じて、日本国内に抑留された外国民間人抑留者の総数は約1180人である。うち在日外国人抑留者は約740人、海外から連行の抑留者は約440人。抑留中の死亡者は50人。死亡率は約4%であった。（各抑留所の収容人員の変遷、収容所の移転などについては表1を参照）

2．神戸市における「敵国」民間人の抑留

第Ｉ期　1941 年 12 月～44 年 5 月　神戸市街地の抑留所と抑留者

『外事警察概況』1941 年版によると、開戦時 12 月における兵庫県内には 6675 人もの外国人が居住しており、その数は東京都の 6985 人に迫る全国 2 位だった。その中で多数を占めたのは中国、インドなどアジア系外国人で計 4613 人だった。残る 2062 人が欧米系の外国人だったが、その中では同盟国のドイツ人が 704 人と圧倒的に多く、敵国人に相当する英国人は 179 人、米国人は 99 人だった。

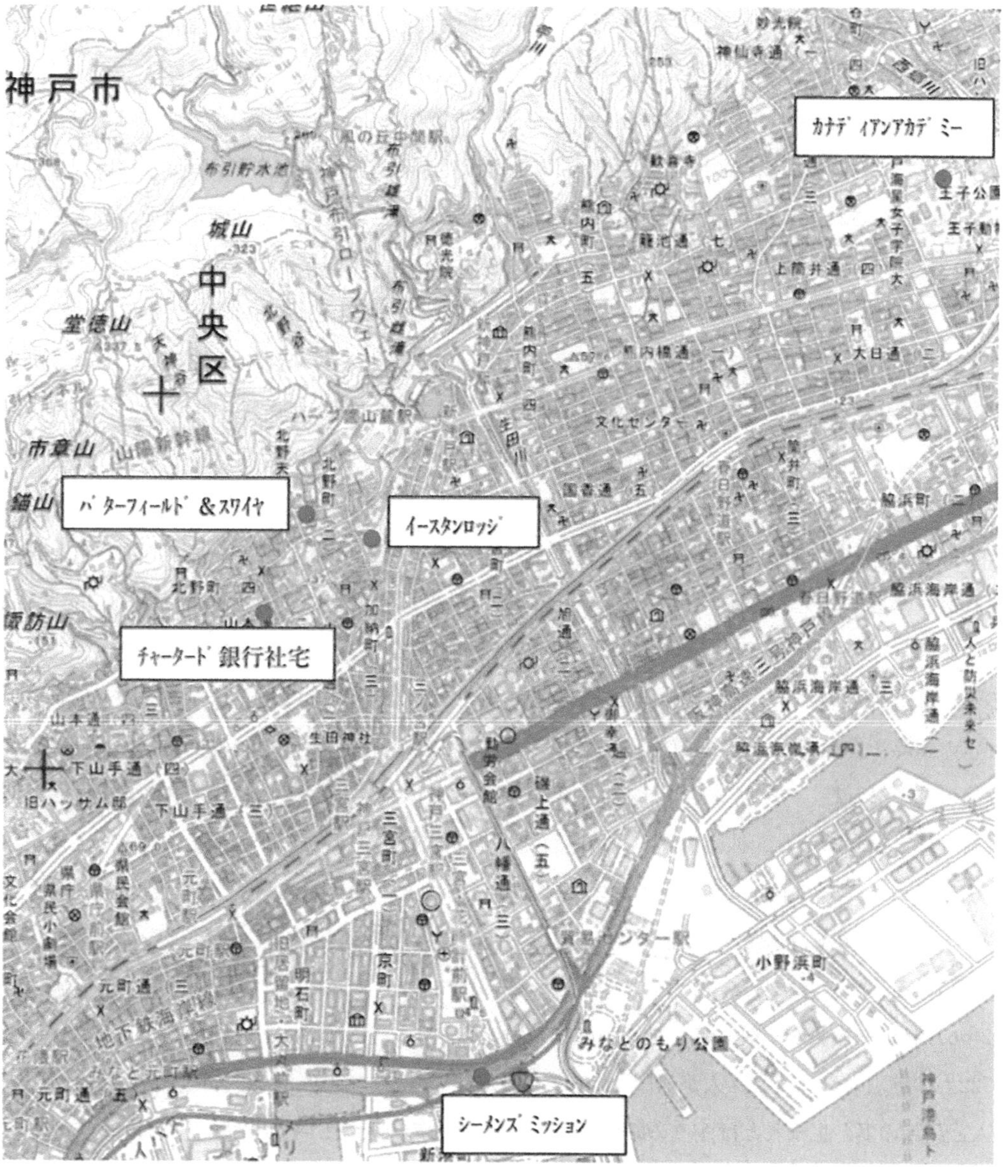

神戸市内に設置された民間人抑留所

神戸第 1 抑留所（41.12.9 灘区青谷町 カナディアンアカデミーに開設）

神戸第 2 抑留所（41.12.9 神戸区北野町 イースタンロッジに開設）

神戸第 3 抑留所（42.1.15 神戸区北野町 バターフィールド＆スワイヤ汽船社宅に開設）

神戸第 4 抑留所（42.1.15 神戸区伊藤町 シーメンズミッションに開設、43.10.10 神戸区山本通 チャータード銀行社宅に移転）

1941年12月8日アジア太平洋戦争開戦とともに、兵庫県在住の「敵国」民間人計44人（米6、英25、オランダ8、グアテマラ2、ベルギー1、ギリシャ1、無国籍1）が抑留された。全員成人男子で、外国企業の社員や貿易商や教師が多く、中には横浜在住の外国人の親族もおり、日本人社会と深い接触を持った外国人が多かったことが伺われる。（名簿1参照）

抑留所とされたのは神戸市灘区青谷町にあったインターナショナルスクールの**カナディアンアカデミー**寄宿舎（兵庫県第1抑留所 35人）と、神戸区（現、中央区）北野町のインド人経営のホテル**イースタンロッジ**（兵庫県第2抑留所 9人）であった。

一方開戦から間もない12月10日に日本軍はグアム島を占領し、42年1月大量の捕虜や民間人（主に基地建設工事関係者）が日本に移送されて来た。そして捕虜は香川県善通寺の捕虜収容所に、民間人は神戸市内の抑留所に収容されたのである。そのなかには海軍看護師5人と、グアム島守備隊軍曹の妻とその乳飲み子の計7人の女性も含まれていた。彼らは1月15日に神戸に送られ、母子2人をイースタンロッジ（第2抑留所）に、男子は新たに開設したバターフィールド＆スワイヤ汽船社宅（第3抑留所）に56人、シーメンズミッション・インスティチュート(第4抑留所）に74人を収容した。その結果神戸市に収容された抑留者は176人と、全国最多となった。更に3月末の抑留所統合で、大阪や京都で抑留されていた外国人20人が神戸に移されて、収容人員は200人を越えた。以後終戦に至るまで、神戸市の敵国人抑留所は、一貫して日本最大規模だった。

神戸の抑留所での生活は、実際にはどのようなものだったのだろうか。グアム島から連行され神戸で抑留された、パンアメリカン航空社員のジェームズ・トーマスの抑留体験記『Trapped with the Enemy』（敵の手に落ちて）によると、彼が抑留されたシーメンスミッション（船員会館）では、それまでのグアムでの戦闘、日本への輸送という過酷な状況から、ようやく一時の落ち着きを得たようである。彼らは抑留所運営の組織を作ってさまざまな仕事を分担し、総代を選挙で選び、監視の警察官との交渉も組織的に行なうようになった。スペイン語、日本語、英語、速記、代数、製図など、さまざまな講座を開き、お互いを講師に学習しあった。抑留所外の決められた区間を警官の監視の下で散歩することや、時には警察官に引率されて神戸の下町に日用品の買い物に出かけることも認められた。しかし、抑留所の収容人員は過密で、食べるのにも風呂に入るのにも、便所を使うのにも行列を作って待つという状況に、イライラをつのらせる生活でもあった。

1942年6月日米交換船が出航して、神戸市の抑留所から24人のアメリカ人やカナダ人が、7月の日英交換船で22人の英国人やオランダ人が帰国した。しかしグアム島のアメリカ人で帰国が許されたのは、看護師5人と兵士の妻と生まれたばかりの娘の、計7人の女性のみだった。その一方で、1942年9月在日外国人の抑留対象が女性にも拡大され、宝塚市の小林聖心女学院の修道女や、第2次交換船中止により神戸に集められた満州からの宣教師も加わり、40人が新たに神戸市内のイースタンロッジに抑留された。43年9月には第2次日米交換船があり、神戸市内の抑留所からは8人が帰国した。その後交換船は無く、残った抑留者たちは終戦時まで抑留されたが、彼らの待遇は次第に悪化していった。

1944年3月、赤十字国際委員会代表が兵庫第1抑留所（カナディアンアカデミー）と、兵庫第3抑留所（バ

ターフィールド&スワイヤ）を視察した。（「帝国権下敵国人収容所視察報告」外務省外交史料館）

それによると、兵庫第1抑留所（カナディアンアカデミー）では、主食としてパン400グラム、米飯167グラムが支給されると記されているが、副食になる肉は10.8グラム、魚は15グラムと、まるで赤子の離乳食ほどの少量である。健康状態の欄に「収容者の一人は体重が100ポンドも減ったと言っている」と書かれ、抑留者からの意見の欄に「収容所の近郊の丘で薪を集める仕事が、収容者をよけい空腹にしている」と書かれている。また兵庫第3抑留所でも、「現在の収容者一人あたり30オンス（850グラム）の食糧というのは、ほとんど水分であるが、とても十分とは言えない。昨年よりも少なく、当初に比べると更に一層少ない。人々はやせて体力が衰えている。収容以来平均して30～40ポンド減っている」と、訴えている。この頃から1945年8月の終戦までのあいだに、神戸市内の抑留所から計10人の死亡者が出ている。在日外国人が6人、グアムからのアメリカ人が4人である。くわしい状況はわからないが、やはり食糧や医療の不足が原因になったものと思われる。

第Ⅱ期　1944年5月26日～45年8月15日（神戸市郊外の再度山）

またこのころには空襲の危険が現実的なものとなり、内務省警保局から44年4月4日付で、「空襲其の他非常事態発生の場合に於ける在留外国人の取扱に関する件通牒」が出され、空襲の公算の大きい地域に所在する抑留所の移転が要請された。その結果、神戸市中心部の市街地に所在していた兵庫第1抑留所（カナディアンアカデミー）、第3留所（バターフィールド&スワイヤ）、第4留所（チャータード銀行社宅）は閉鎖され、抑留所は神戸市中央区神戸港地方ロ一里山再度山（ふたたびさん）に移転することになった。44年5月グアム島アメリカ人を含む男子抑留者159人は、市街地中心部から北西に5キロメートルほど離れた再度山の、養護学校「竹馬（ちくば）学園」林間学校を接収した抑留所へ移転した。標高300メートルほどの山中にある、5万坪の広大な林の中に点在する校舎が、新たな抑留所となった。

同年7月になると、神戸区北野町の兵庫第2留所（イースタンロッジ）に収容されていた宝塚の小林（おばやし）聖心女子学院の修道女、神戸のセントマリア女学院の教師・修道女、満洲からの宣教師など40人は、長崎抑留所（長崎市本河内町聖母の騎士神学校）へ移動させられ、兵庫第2抑留所も閉鎖された。

そして長崎抑留所からは、神戸からの女子と入れ替わりに男子15人が神戸へ移送され、再度山の抑留所へ収容された。その結果、再度山の抑留所には、男子ばかり174人が暮らすことになった。

再度山抑留所では、グアム島土木工事関係者、グアム島のパンアメリカン航空社員、在日外国人神戸出身者、カトリック修道士など、それぞれ班に分かれて班長を選んで自治委員会作った。全体の委員長には、グアム島から来たポメロイ土木の技師C・H・エルドリッジ（50歳）、副委員長には大学出でポメロイ土木の会計係をしていたC・H・ウッドラフ（26歳）が選ばれた。日本語に堪能な神戸の在日外国人3人が通訳を担当した。再度山抑留所には11棟の建物があったが、木造2階建ての校舎と、それに接続した寄宿舎と、教職員の宿舎の三棟が抑留所の中心的な建物だった。校舎内には廊下に沿って10ばかりの部屋があり、これを居室として使った。各部屋は縦横8フィート（2.44m）と14フィート(4.29m)ほどの広さで、壁に沿って二段ベッドが設置されていた。もともと病気や障害を持つ子どもたちのための施設だったため、大柄な外国人を収容すると部屋もベッドも窮屈であった。

食事は県庁雇い入れの業者がコック5人と雑役係3人を使って調理し、それを別棟の食堂で食べた。神戸市街地から遠くなったため、米・パン・バター・肉・魚・野菜などの食糧は、抑留者が12人ずつ1組になって、毎日輪番で神戸区平野町へ行き、トラック運ばれてきた食糧を受け取って荷車を使って運び上げた。荷車には2本の長いロープが車の前方の両側に結ばれており、4人の男たちが二輪車を押し上げているとき、2本のロープをそれぞれ4人の男たちが引っぱりあげた。毎日往復16キロの道のりを運搬するのは大変だった。浅い井戸と小さな貯水池があるだけの抑留所は、慢性的な水不足で、設置されているシャワーも、1週間か2週間に1回しか使えなかった。冬は寒さが厳しかったが、各部屋にはストーブが設置されていた。抑留所周辺の林から、自分たちで薪を採っては暖をとる生活だった。再度山に移転してからの抑留所の状況については、長崎から移転してきたカナダ人のカトリック修道士カリキスト・シマールは、「一日の食事は小さなパン一切れとわずかなおかず。体重が半分になった人も。六畳部屋に6人が生活し、三段ベッドに冬でも薄い布団。信仰が心の支えでしたが、一般の抑留者には、地獄だったでしょう。」と語っている。（『東京新聞』1994年11月30日夕刊）

1945年3月17日には神戸がＢ29の編隊に空襲され、市街地は火に包まれた。一機のＢ29は再度山に墜落し、空中分解した機体や搭乗員の遺体が抑留所周辺に落下した。遺体の埋葬作業には、抑留者も協力した。その後も5月11日、6月5日と神戸は大空襲にみまわれ、市街地はほぼ壊滅した。抑留者は飢えに直面する生活であったが、空襲を避けるという意味では、抑留所の移転は有効だったようである。

45年8月15日の終戦を告げるラジオ放送で戦争は終結した。その後1週間ほど経って、救援物資を満載したＢ29が飛来して、木箱やドラム缶に入った食糧や医薬品を投下し、抑留者たちは缶詰の肉やチョコレートやバターを受け取って、体力を回復していった。再度山に抑留されていたグアム島のアメリカ人たちのところには、9月8日、米軍の救出部隊がやってきた。抑留者たちは荷物をまとめてその日の夜行列車で横浜に移動し、翌日には厚木飛行場から沖縄経由でマニラに飛び、9月24日、ハワイホノルルに到着した（『TRAPPED with the ENEMY』）。

【主な参考文献】

内務省警保局『外事月報』1941年12月号～1944年9月号、福林徹『神戸にあった捕虜収容所と敵性外国民間人収容所』2007年歴教協兵庫大会第1分科会レポート、小宮まゆみ『敵国人抑留』2009、国会図書館憲政資料室所蔵「GHQ法務局調査報告書」462号、外務省外交史料館所蔵資料「帝国権下敵国人収容所視察報告」、国立公文書館所蔵資料「LIST OF INTERNEE」、James Thomas “Trapped with the Enemy” 2002

名簿１ 神戸の在日外国人抑留者

開戦時から神戸で抑留(1941.12月～1945.８月)

数	国籍	氏名	年齢	性別	職業	その後の経過
1	米	ﾄｰﾏｽ･H･ｴｳﾞｧﾝｽ	57	男	貿易商会支配人	42.5.11胃潰瘍で万国病院入院45･8まで抑留
2	米	ﾃﾞｰｳﾞｨｯﾄ･ﾊﾀｰ	46	男	ｵﾘﾊﾞｰ･ｴｳﾞｧﾝｽ商会支配人	45･8まで抑留　混血　通訳
3	米	ﾊﾞｰﾆｰ･D・ｼﾞｮｰﾝｽﾞ	38	男	大阪米華合名会社支配人	45･8まで抑留　妻日本人　通訳
4	米	Ｊ・Ｅ・ﾏｲﾖｰ	40	男	宣教師	第１次交換船帰国
5	米	Ｅ・ｺｯﾌﾟ	60	男	古物商	45.1.16心臓疾患で死亡、遺骨は夫人に
6	米	ﾚｰﾓﾝﾄﾞ･ﾃｰ･ｺﾝｶﾞｰ	62	男	商店主	43年9月第2次交換船で帰国
7	英	ﾍﾝﾘｰ･ｼﾞﾆｰ･ｱﾝｸﾞﾛｰｽﾞ	53	男	無職	45･8まで抑留
8	英	ﾊﾛﾙﾄﾞ･ｱﾗﾌﾞ	52	男	神戸ｾﾞﾈﾗﾙｴﾝｼﾞﾆｱﾘﾝｸﾞ雇	45･8まで抑留
9	英	ｶﾗﾋﾞｯﾄ・Ｍ・ｱﾗﾂｰﾝ	67	男	無職	45･8まで抑留
10	英	ｼﾞｰｼﾞ・Ｅ・ﾌﾞﾗｳﾝ	63	男	無職	45･8まで抑留
11	英	ﾌﾚﾄﾞﾘｯｸ・Ｅ・ﾀﾞｳﾝ	47	男	無職	45･8まで抑留
12	英	ﾘﾁｬｰﾄﾞ・ﾀﾞｳﾝ	43	男	大阪日瑞貿易書記	45･8まで抑留
13	英	ｼﾞｮｰｼﾞ･W・ｶﾞﾊﾞﾚﾀ	49	男	神戸ｺｻﾞﾔ商会支配人	45･8まで抑留
14	英	ﾊﾛﾙﾄﾞ・Ｊ・ﾒｰｿﾝ	42	男	ﾌﾞﾙﾝｿﾝ会社代表社員	45･8まで抑留 妻が混血　通訳
15	英	ｼｵﾄﾞｰﾙ･J･D･ﾋｰｽﾑｰｱ	44	男	無職	45･8まで抑留
16	英	ﾊｰﾊﾞﾄ･C･W･ﾌﾟﾗｲｽ	34	男	ｳｨﾙｷﾝｿﾝ炭酸会社重役	45･8まで抑留
17	英	ｼﾞｮｰﾝ･R･ﾌﾟﾗｲｽ	34	男	神戸ｼﾞｬﾊﾟﾝｸﾛﾆｸﾙ記者	45･8まで抑留
18	英	ﾍﾝﾘｰ･K･ﾗﾑｽﾞﾃﾞﾝ	45	男	神戸ｶﾒﾛﾝ商会員	45･8まで抑留
19	英	ﾚｼﾞﾅﾙﾄﾞ･G･ｽﾐｽ	23	男	大阪ｴｸﾏﾝ商会給仕	45･8まで抑留
20	英	ｾﾞｰﾑｽ･ｽﾃｨｰﾌﾞﾝｿﾝ	65	男	宣教師	45･8まで抑留
21	英	ｼﾞｮｾﾌ･ｳｨﾛﾋﾞｰ	79	男	機械技師	42年1月喘息と中風のため解除、7月自宅で死亡
22	英	ｳｨﾘｱﾑ･H・ﾋｯｸﾏﾝ	64	男	教師	44年3月22日心臓病と急性肺炎で死亡
23	英	Ｒ・Ｔ・ﾋﾟｱｿﾝ	45	男		42.5.12脱腸で万国病院入院、日英交換船帰国
24	英	Ｒ・Ｗ・ﾋﾟｱｽ	67	男		42.5. 5心臓病で万国病院に入院
25	英	ｳﾞｨﾝｾﾝ･M･ﾌﾟﾘｵ	43	男	ドミニコ会宣教師	開戦時からずっと兵庫１、45･8まで抑留
26	蘭	ｸｰﾝﾗｰﾄﾞ･W･ﾌﾞﾗﾝﾄﾞ	43	男	蘭印銀行支配人	45･8まで抑留
27	蘭	ﾋﾟｰﾀｰ･ｶﾞｼﾞﾙ	44	男	輸出商	45･8まで抑留
28	蘭	ﾁｬｰﾙｽ･T･D･G･ﾛﾗﾝﾀﾞｽ	49	男	大阪外語教師	45･8まで抑留
29	蘭	ﾍﾝﾄﾞﾘｯｸ･ｵﾙｸ	45	男		42.5.6腸捻転で万国病院入院　43年9月24日病死
30	蘭	Ｐ・ﾃﾞﾌﾞﾘｰｽ	59	男		42.5.27梅毒性脳病で万国病院入院（月報42年5月）
31	蘭	ｴｯﾁ･ｾﾞｰ･ﾊｯﾊﾟｰﾏﾝ	54	男	ハッパーマン＆ヴァンブルクレン商事代表	開戦時検挙42.4.7釈放 抑留42.7日英交換船帰国
32	蘭	ﾊﾞｰﾅｰﾄﾞ･ｽﾊﾟﾝﾔｰﾄﾞ	51	男	貿易会社副支配人	開戦時検挙42.4.8釈放 抑留42.7日英交換船帰国
33	蘭	Ａ. Ｋ. ﾌｧﾝﾃﾞﾝﾓｰ	68	男	貿易商（大阪）	終戦前に抑留解除
34	ｸﾞｧﾃ	ｼﾞｰｾ･E･A･ﾛｰﾍﾟｰｽ	40	男	ｳｨﾝｸﾗｰ商会支配人	開戦から45.8まで神戸で抑留
35	ｸﾞｧﾃ	ﾃｲ･ｵｰ･ﾛﾍﾟｽ	31	男	無職	開戦時から抑留、43年9月第2次交換船で帰国

開戦時には検挙または他府県で抑留されたが後に神戸で抑留

1	英	ﾉｰﾏﾝ・ﾊﾟｰｼｰ・ﾍｲｳｪｰ	40	男	ﾄﾞｯﾄﾞｳｪﾙ商会支配人	開戦時検挙42. 4. 10釈放 抑留42. 7日英交換船帰国
2	英	ｱｰｻｰ・ﾌﾚﾃﾞﾘｯｸ・ﾊﾝｺｯｸ	54	男	香港上海銀行支配人	開戦時検挙42. 4. 10. 釈放 抑留42. 7日英交換船帰国
3	英	ﾊﾟｰｼｰ・ｼﾞｮｰｼﾞ・ｳｫｰｶｰ	29	男	ﾕﾅｲﾃｯﾄﾞｱｰﾁｽﾄ社員	兵庫県検挙→42. 4. 6釈放、45. 8まで抑留
4	英	ﾊﾘｰ・Ｊ・ｸﾞﾘﾌｨｽ	63	男	トムソン商会支配人	開戦時検挙42. 5から抑留44. 4. 1心臓麻痺により死亡
5	英	ｽﾀﾝﾚｰ・ｱﾙﾊﾞｰﾄ・ﾊﾞｰﾄﾞﾝ	39	男	富山県高岡高等商業学校英語教師	富山県で抑留→42年3月兵庫へ　45・8まで抑留
6	英	ﾚｼﾞﾅﾙﾄﾞ・H・ﾌﾞﾗｲｽﾞ	48	男	第４高校（金沢）教師	石川県で抑留42・3月神戸へ45・8まで　日本文学研究
7	米	ﾌｪﾙｼﾞﾅﾝﾄﾞ・ｻｳﾙ		男	マリア会宣教師	41. 12. 29から第1次交換船帰国
8	米	ﾌﾗﾝｸ・ﾄﾗｲﾌﾞﾙ		男	マリア会宣教師	41. 12. 29から第1次交換船帰国
9	米	ｼﾞｮｰﾝ・ｹｽﾚﾙ		男	マリア会宣教師	41. 12. 29から第1次交換船帰国
10	米	ｳｨﾘｱﾑ・Ｆ・ﾏﾌｨｰ		男	メリノール会宣教師	京都で抑留42. 3から兵庫へ第１次交換船帰国
11	濠	ｱｰｻｰ・W・ﾋﾟｰｺｯｸ	69	男	第一神港商業英語教師	大阪で抑留　財産届出違反で検挙　45・8まで抑留
12	ﾍﾞﾙｷﾞ	ｼﾞｮｰｾﾞﾌ・ｽﾊﾟｰ	33	男	スクート会宣教師	京都→42年3月兵庫1へ、45・8まで抑留

他府県で抑留され神戸(イースタンロッジ)に統合された抑留者(1942. 3月～6月)

1	米	ｳｨﾘｱﾑ・ﾏｯｹｼｰ	36	男	メリノール会宣教師	三重県で抑留3月神戸へ第1次交換船帰国
2	米	ｸﾗﾚﾝｽ・ｳｲｯﾄ	31	男	メリノール会宣教師	滋賀県で抑留3月神戸へ第1次交換船帰国
3	米	ﾏｲｹﾙ・ﾏｷﾛｯﾌﾟ	31	男	メリノール会宣教師	京都府で抑留3月神戸へ第1次交換船帰国
4	米	ｱｰﾈｽﾄ・ﾒｲﾙﾎｯﾄ	40	男	メリノール会宣教師	奈良県で抑留3月神戸へ第1次交換船帰国
5	米	ﾄｰﾏｽ・ﾊﾟﾘｰ	32	男	メリノール会宣教師	京都府で抑留3月神戸へ第1次交換船帰国
6	米	ｼﾞｮﾝ・ﾓﾘｽ	52	男	メリノール会宣教師	京都府で抑留3月神戸へ 第1次交換船帰国
7	米	ｴﾄﾞﾜｰﾄﾞ・ｺｰｼｪﾙ	29	男	メリノール会宣教師	京都府で抑留3月神戸へ第1次交換船帰国
8	米	ｲｰ・ﾌﾞﾘｸﾞ	34	男	メリノール会宣教師	滋賀県で抑留3月神戸へ第1次交換船帰国
9	米	ﾏｰﾌｪﾙﾄﾞ	36	男	メリノール会宣教師	滋賀県で抑留3月神戸へ第1次交換船帰国
10	米	ｸﾙﾏﾝﾄ・ﾍﾞﾙﾅﾙﾄﾞ・ﾊﾝｿﾝ	35	男	メリノール会修道士	滋賀県で抑留3月神戸へ第1次交換船帰国

名簿２　神戸のグアム島アメリカ人抑留者

数	抑留所	国籍	氏名	年齢	性別	職業	備考
1	第１	米	ｾﾞｰﾑｽ･O･ﾄｰﾏｽ	29	男	パンナム航空事務員	『Trapped with the Eneny』著者
2	第１	米	ﾁｬｰﾙｽ･S･ｸﾞﾚｯｸﾞ	31	男	ﾊﾟﾝｱﾒﾘｶﾝ航空飛行場主任	
3	第１	米	Grant L Wells	36	男	ﾊﾟﾝｱﾒﾘｶﾝ航空技術助手	福林名簿のみ
4	第１	米	ﾛﾊﾞｰﾄ･J･ｳﾞｫｰﾝ	30	男	パンナム航空技師	
5	第１	米	Wallace L Vaughan	24	男	技術者	42.1.23喘息治療
6	第１	米	Walter E Durham	36	男	商社員	福林名簿のみ
7	第１	米	ﾘﾁｬｰﾄﾞ･A･ｱｰｳﾞｨﾝｿﾝ	30	男	ﾊﾟﾝｱﾒﾘｶﾝ航空通信助手	
8	第１	米	George L Blackett	29	男	パンナム航空主任	
9	第１	米	ﾌﾚｯﾄﾞ･B･ｵﾍﾟﾝﾎﾞｰﾝ	38	男	無線技師	42.5.28疥癬で万国病院入院
10	第１	米	George M Conklin	33	男	ﾊﾟﾝﾅﾑ航空無線係主任	
11	第１	米	Harold K Brinkerhoff	42	男	ｸﾞｱﾑ公共事業局大工	
12	第１	米	ﾛﾅﾙﾄﾞ･N･ﾋｭｰｽﾄﾝ	39	男	ｽﾀﾝﾀﾞｰﾄﾞ石油会支配人	42.12右足戦傷
13	第１	米	ｳｨﾘｱﾑ･R･ﾋｭｰｽﾞ	55	男	米国土木局人夫頭	42.12右手戦傷
14	第１	米	ﾌｪｰﾃﾞﾅﾝﾄﾞ･ｽﾃｨﾋﾟｯﾁ	46	男	宗教師	
15	第１	米	ｾﾞｰｳﾞｨﾔ･ﾏﾙｹｯﾄ	47	男	宣教師	
16	第１	米	ｱﾙﾋﾞﾝ･ﾗﾌｴｱ	40	男	宣教師	
17	第１	米	ﾌｨﾘｯｸｽ･A･ﾚｰｲ	37	男	宣教師	
18	第１	米	ﾒﾙ･R･ﾏｸｺｰﾏｰｸ	31	男	宣教師	
19	第１	米	ｶﾞﾌﾞﾘｴﾙ･ﾊﾞﾀﾞﾗﾒﾝﾃｨ	41	男	修道士	42.2.15足指壊疽受診
20	第１	米	ﾏｰｼｬﾝ･R･ﾍﾟﾚｯﾄ	37	男	宣教師	
21	第１	米	ﾃｵﾌｫﾝ･A･ﾄｰﾏｽ	36	男	宣教師	
22	第１	米	Arnold B Bendwaki	33	男	宣教師	福林名簿のみ
23	第１	米	ｱﾚｸｻﾝﾀﾞｰ･B･ﾌｨｰﾘ	34	男	宣教師	
24	第２	米	R.T.ヘルマーズ	34	女	グァム島兵士の妻	第1次日米交換船帰国
25	第２	米	C.ヘルマーズ	0	女	グァム島兵士の娘	第1次日米交換船帰国
26	第２	米	ドリス・マーグレットイエター	33	女	看護師	第1次日米交換船帰国
27	第２	米	バージニア・フォーガティー	32	女	看護師	第1次日米交換船帰国
28	第２	米	ローレイン・クリスチャンセン	31	女	看護師	第1次日米交換船帰国
29	第２	米	マリヤン・オルド	46	女	看護師	第1次日米交換船帰国
30	第２	米	レオナ・ジャクソン	34	女	看護師	第1次日米交換船帰国
31	第３	米	ｸﾗｰｸ･H･ｴﾙﾄﾞﾘｯｼﾞ	50	男	ﾊﾟﾑﾛｲ商会土木技手	
32	第３	米	ﾛﾊﾞｰﾄ･R･ﾊｰﾊﾞｰﾄ	57	男	ﾊﾟﾑﾛｲ商会建築監督	42.3.7歯科受診
33	第３	米	Charles G Craver	47	男	秘書	
34	第３	米	Poul Betz	54	男	土木技師長	42.2.19歯科受診
35	第３	米	ｴﾄﾞﾜｰﾄﾞ･ﾄﾞｴﾙ･ﾏｲﾔｰｽ	52	男	技師	
36	第３	米	Ralph Joseph Betz	46	男	現場監督	42.2月3月歯科受診
37	第３	米	Edward L Davis	52	男	クレーン操作士	
38	第３	米	ｼﾞｮｾﾌ･ﾓｰｶﾞﾝﾃｰﾗｰ	51	男	起重機運転士	
39	第３	米	Nathan N Chorley	47	男	電気工	42.2喘息で入院
40	第３	米	ｼﾞｮｰﾝ･C･ﾈﾙｿﾝ	53	男	技師	42.2肺炎で入院
41	第３	米	ﾁｬｰﾙｽﾞ・A・ｽﾐｽ	46	男	技師	
42	第３	米	Avenill B Cludas	50	男	機関士	42.3.16歯科受診
43	第３	米	ｾﾞｰﾑｽ･Ｉ･ﾃｲﾘｰ	65	男	ﾊﾟﾑﾛｲ商会掘削手	
44	第３	米	ﾛﾊﾞｰﾄ･E･ｶｰﾝ	58	男	土木監督	
45	第３	米	ﾐﾙﾄﾝ･A･ﾛﾋﾞﾝｿﾝ	53	男	製図工	
46	第３	米	ﾘｰ･F･ﾗﾝｸﾌｫｰﾄﾞ	59	男	ﾊﾟﾑﾛｲ商会員	
47	第３	米	ｳｨﾘｱﾑ･J･ｽﾃｭｰﾋﾞｰ	53	男	クレーン操作士	
48	第３	米	ﾛｰｲ･ｽﾐｽ	54	男	ﾊﾟﾑﾛｲ商会機関士	
49	第３	米	ﾌﾗﾝｸ･M･ｴﾝｾﾞﾙ	50	男	ﾊﾟﾑﾛｲ商会工夫長	
50	第３	米	ｶﾞｰﾄﾞﾝ･J･ﾌｧｰｳｪﾙ	61	男	ﾊﾟﾑﾛｲ商会速記者	
51	第３	米	ﾃﾞｨｳﾞｨｯﾄ･W･ｷﾆｿﾝ	53	男	クレーン操作士	
52	第３	米	Richard D Devine	55	男	秘書	
53	第３	米	ｼﾞｮｰﾝ･ﾍﾟﾄﾛｳﾞｨｯﾁ	63	男	料理人	
54	第３	米	ｱﾙﾌﾚｯﾄﾞ･J･ﾊﾏﾚﾌ	44	男	ｸﾞｧﾑﾎﾃﾙ支配人	
55	第３	米	Guiswppe D Angelo	67	男	退役海軍士官	
56	第３	米	Max Brodofsky	52	男	パンナム航空技師	
57	第３	米	ﾊﾝｽ･H･ｻｰｶｰｽ	32	男	ﾊﾟﾑﾛｲ商会土木技師	
58	第３	米	ﾌｰﾊﾞｰﾄ･W･ﾌﾗｰﾃｰ	61	男	海軍委託土木技師	
59	第３	米	ﾁｬｰﾙｽ･L･ｳｫｰｶｰ	64	男	鉛工	
60	第３	米	ｾﾞｰﾑｽ･H･ｱﾝﾀﾞｰｳｯﾄﾞ	68	男	郵便局長	
61	第３	米	ｳｨﾘｱﾑ･H･ﾉｯﾄﾘｰ	70	男	無職	
62	第３	米	Otto Taskus Cox	61	男	退役海軍士官	
63	第３	米	ｾﾞｰﾑｽ･ﾊﾞｰﾊﾞｰ	70	男	農業	
64	第３	米	ﾏｰｾﾛ･ｽｶﾝﾍﾞﾗｰﾘｰ	66	男	商業	
65	第３	米	ﾊｲﾗﾑ･ｴﾘｵｯﾄ	66	男	薬剤師	
66	第３	米	ﾌﾚｯﾄﾞ･W･ﾌｫｰﾙ	59	男	商業	
67	第３	米	Chester C Butler	59	男	薬種商社員	
68	第３	米	ｱﾙﾊﾞｰﾄ･P･ﾏｰﾝﾘｰ	67	男	農業	
69	第３	米	ｴﾙﾏｰ･ｹﾞｰｲ	73	男	無職	
70	第３	米	ｾﾞｰﾑｽ･E･ﾈﾙｿﾝ	55	男	工夫長	

71	第3	米	ﾊｰﾗﾝﾄﾞ・ｳｫﾙﾌｫｰﾄﾞ	56	男	農業	
72	第3	米	ｱﾙﾊﾞｰﾄ・ｶｰﾅｰ	57	男	海軍退役軍人	
73	第3	米	ｱｰｻｰ・W・ｼﾞｬｸｿﾝ	66	男	弁護士	42.3.27リュウマチ治療
74	第3	米	ｼﾞｮｰｼﾞ・G・ﾌｫｰﾄﾞﾝ	59	男	電信会社監督	
75	第3	米	ﾊﾟﾄﾘｯｸ・J・ｵｺｰﾅｰ	52	男	電気監督	42.2.16歯科受診
76	第3	米	ｼﾄﾞﾆｰ・ﾏｸﾏｲｸﾙ	64	男	電信会社監督	
77	第3	米	ｴﾌﾞﾘｽﾄ・B・ｳﾘｽｸﾛｯﾄ	46	男	技師	
78	第3	米	ﾊｰﾊﾞｰﾄ・G・ﾌｨｱﾘｰ	50	男	ﾊﾟﾑﾛｲ商会機械工	
79	第3	米	ﾗｰﾘ・F・ﾆｰｽ	52	男	商会員	
80	第3	米	ｴｰｳﾞｪﾙ・F・ｵﾘｰﾌﾞ	50	男	農業	
81	第3	米	ｾﾞｰﾑｽ・M・ﾊﾄﾞｿﾝ	52	男	農業	42.3.26神経痛治療
82	第3	米	Adelberg B Domion	49	男	宣教師	42.2.24歯科受診？
83	第3	米	ｳｨﾘｱﾑ・A・ﾍﾟｲﾝ	46	男	海軍退役軍人・道路工夫	42.3に善通寺から神戸へ
84	第3	米	Fred Haller	70	男	無職	44.10.13 胃がん死亡（福林）
85	第3	米	Martin P Gahley	49	男	建設会社機関士	44.3.14急性肺炎死亡（月報44.5）
86	第3	米	William G Johnston	65	男	ｸﾞｱﾑ公共事業局	43.10.11心臓腎臓疾患死亡（月報43.12）
87	第3	米	Georg A Wustig	67	男	無職	42.1.28 腎臓と気管支炎死亡
88	第4	米	ｴｳﾞｪﾚｯﾄ・H・ﾍﾟﾆﾝｸﾞ	29	男	ﾊﾟﾝﾅﾑ航空通信係	
89	第4	米	ｳｨﾘｱﾑ・J・ﾌｫｰｳﾞｨ	34	男	ﾊﾟﾑﾛｲ商会建築監督	
90	第4	米	ｶｰﾙ・M・ｳｪｽﾄ	38	男	技師長	
91	第4	米	ｳｫｰﾙﾀｲ・H・ﾌﾟﾚｲﾄﾅｰ	46	男	請負支配人	
92	第4	米	ﾌﾗﾝｼｽ・M・ｷﾞﾙﾊﾞｰﾄ	34	男	ﾊﾟﾑﾛｲ商会材料監督	
93	第4	米	ﾄﾞﾅﾙﾄﾞ・C・ｳｫｰﾙｽ	44	男	建築監督	
94	第4	米	ﾌﾞﾗｲﾔﾝﾄ・H・ｽﾀｰﾘﾝｸﾞ	31	男	ﾊﾟﾑﾛｲ商会大工監督	
95	第4	米	ｱﾙﾄﾝ・R・ﾎﾜｲﾄ	31	男	溶接工	
96	第4	米	Harold F Burrows	41	男	現場監督	
97	第4	米	ｹｰﾈｽ・F・ﾊｰﾃﾞｰ	32	男	ﾊﾟﾑﾛｲ商会秘書	
98	第4	米	ﾊﾘｰ・J・ﾙｰｷｰ	37	男	クレーン操作士	
99	第4	米	ｹﾈｽ・S・ﾌﾚｰｼｬｰ	32	男	ﾊﾟﾑﾛｲ商会倉庫係	
100	第4	米	ｴﾄﾞﾜｰﾄﾞ・S・ﾏｷｼﾓ	40	男	鎔接監督	42.2.20足裂傷治療
101	第4	米	ﾛｻﾞﾘｵ・F・ｵｰﾁﾋﾟﾆ	29	男	大工監督	
102	第4	米	Leigh S Chambers	46	男	請負工事組頭	
103	第4	米	ｱｰｻｰ・E・ｳｯﾄﾞﾗﾌ	26	男	会計	42.3.5歯科受診
104	第4	米	ｾﾞｰﾑｽ・B・ｵﾚﾘｰ	30	男	製図工	
105	第4	米	Thomas L Bendon	30	男	雇用人	
106	第4	米	ﾊﾛﾙﾄﾞ・L・ﾊｰﾝ	29	男	ﾊﾟﾑﾛｲ商会大工監督	
107	第4	米	Neil D Canpbell	39	男	請負会計係	42.2.24気管支炎治療？
108	第4	米	ﾊｰﾊﾞｰﾄﾞ・S・ﾐｰﾄﾞ	30	男	事務員	
109	第4	米	ｹﾈｽ・R・ｴﾄﾞﾓﾝｽﾞ	28	男	ﾊﾟﾑﾛｲ商会運転手	
110	第4	米	Eugine E Clary	45	男	請負会計係	
111	第4	米	ﾌﾗﾝｸ・D・ﾙｰﾊﾟｰﾄ	32	男	クレーン操作士	
112	第4	米	ﾛﾊﾞｰﾄ・O・ﾎﾌｽﾄｯﾄ	25	男	ﾊﾟﾑﾛｲ商会測量技師	
113	第4	米	ﾄｰﾏｽ・D・ｱﾊﾟﾃﾞｰﾙ	40	男	クレーン操作士	42.3.7歯科受診
114	第4	米	ｱｰﾙ・ﾊｰﾝﾄﾞﾝ・ﾔﾝｸﾞ	30	男	事務員	
115	第4	米	ﾓｰﾃｨﾏ・E・ﾜｯﾄｿﾝ	26	男	クレーン操作士	
116	第4	米	ﾛﾊﾞｰﾄ・B・ｱﾄｷﾝ	29	男	ﾊﾟﾑﾛｲ商会現場記録	42.3.13歯科受診
117	第4	米	ﾊﾙｼｰ・ﾏｲﾔｰ	37	男	事務員	
118	第4	米	ｹﾈｽ・E・ﾏｲﾔｰ	30	男	事務員	
119	第4	米	ｳｯﾄﾞﾛｰ・O・ｱｼﾋﾞ	29	男	クレーン管理者	
120	第4	米	ｼﾞｮｰｾﾞﾌ・M・ﾊｰﾐｰｽﾞ	36	男	ﾊﾟﾑﾛｲ商会組立工	
121	第4	米	ｳｨﾘｱﾑ・S・ｺﾞｰﾙﾃﾞﾆｱ	31	男	ﾊﾟﾑﾛｲ商会測量技師	
122	第4	米	Cecil Troy Downing	35	男	監督	
123	第4	米	ﾁｬｰﾙｽ・E・ﾓﾆﾊﾝ	44	男	会計係	
124	第4	米	ｼﾞｬｯｸ・L・ﾃｰﾗｰ	29	男	技師	
125	第4	米	ｺﾞｰﾏｰ・J・ﾄｰﾏｽ	41	男	土工	42.2.19歯科受診
126	第4	米	ｽﾀﾝﾚｰ・C・ﾏｸﾅﾙﾃｨ	37	男	歯科医	
127	第4	米	ｲﾉｸ・B・ﾛｰ	41	男	トラック監督	
128	第4	米	Forster D Brunton	35	男	農夫	
129	第4	米	ｳｫｰﾚｽ・M・ﾛﾋﾞﾗ	36	男	事務員	
130	第4	米	ﾚｲﾓﾝﾄﾞ・G・ﾛｽｺｳｨｸ	41	男	ﾊﾟﾑﾛｲ商会杭打監督	
131	第4	米	H・ｴﾄﾞﾜｰﾄﾞ・ﾍﾞｰｺﾝ	31	男	ﾊﾟﾑﾛｲ商会会計係	
132	第4	米	ｾﾞｰﾝ・A・ｽﾃｨｸﾙ	30	男	ﾊﾟﾑﾛｲ商会事務員	
133	第4	米	ﾄﾞﾓﾆｯｸ・ｴﾝｻｰﾃｰ	37	男	ｸﾞｱﾑ島発電監督	42.5.28疥癬で万国病院入院
134	第4	米	ﾘｵﾝ・A・ﾊﾘｽ	42	男	ﾊﾟﾑﾛｲ商会土木技師	
135	第4	米	ｳｨﾘｱﾑ・H・ｽﾐｽ	35	男	ﾊﾟﾑﾛｲ商会製図工	42.3.10歯科受診
136	第4	米	ﾏｰﾃｨﾝ・ﾊﾝｽﾝ	55	男	電信会社雑役夫	
137	第4	米	ｺｰﾄﾝ・G・ｽﾀﾝﾌﾞﾚｰ	40	男	会計士	
138	第4	米	ﾛｲｼｰ・ﾍﾆﾝｸﾞ	31	男	電信会社技師	
139	第4	米	Harold Wickman	32	男	建設会社火薬爆破係	44.4.1 慢性胆嚢炎死亡（月報44.5）
140	不明	米	Dominice Encerti		男		
141	不明	米	ｳｫﾙﾀｰ・E・ﾀﾞｰﾗﾑ	36	男	商業	
142	不明	米	ｳｫｰﾚｽ・L・ｳﾞｫｰﾝ	74	男	鉛工	
143	不明	米	ｸﾞﾗﾝﾄ・S・ｳｪｰﾙｽ	36	男	技手	

名簿 3 兵庫県の修道女等女子抑留者（1942年9月23日～44年7月）

数	国籍	氏名	年齢	性別	職業	その後の経過
1	米	A. Atkinson	52	女	教師 小林聖心女学院	44.7月長崎市へ移動
2	英	M. Marshell	60	女	教師 小林聖心女学院	44.7月長崎市へ移動
3	英	C. バステイル	40	女	修道女 小林聖心女学院	44.7月長崎市へ移動
4	英	G. Borg	42	女	修道女 小林聖心女学院	44.7月長崎市へ移動
5	英	B. フェッチ	39	女	修道女 小林聖心女学院	44.7月長崎市へ移動
6	英	J. B. フェーク	40	女	修道女 小林聖心女学院	44.7月長崎市へ移動
7	英	N. ラフリン	52	女	修道女 小林聖心女学院	44.7月長崎市へ移動
8	英	M. ライアン	64	女	修道女 小林聖心女学院	44.7月長崎市へ移動
9	英	J. ターナー	42	女	修道女 小林聖心女学院	44.7月長崎市へ移動
10	英	C. クレック	43	女	修道女 小林聖心女学院	44.7月長崎市へ移動
11	英	C. E. キネス	62	男	貿易商 神戸区山本通	44.7月長崎市へ移動
12	英	M. E. キネス	62	女	貿易商 神戸区山本通	44.7月長崎市へ移動
13	英	メリー G. グレゴリー	35	女	大阪府聖母女学院教師	44.7月長崎市へ移動
14	英	エカテリーナ・ワットソン	45	女	無職 ハルビン市	44.7月長崎市へ移動
15	英	イレン・ワットソン	25	女	無職 ハルビン市	44.7月長崎市へ移動
16	英	アーサー・オリバー	57	男	宣教師 奉天市	44.7月長崎市へ移動
17	英	アグネス・オリバー	66	女	妻	44.7月長崎市へ移動
18	英	ジョン・ドワード	56	男	宣教師 奉天市	44.7月長崎市へ移動
19	英	ジョセフィン・ドワード	52	女	妻	44.7月長崎市へ移動
20	英	トマス・バーカー	59	男	宣教師 奉天市	44.7月長崎市へ移動
21	英	アン・バーカー	38	女	妻	44.7月長崎市へ移動
22	英	エリザベス・マスプレーゴ	54	女	校長 奉天市	44.7月長崎市へ移動
23	英	ローレンス・ウエターバン	57	男	宣教師 浜江省？城県	44.7月長崎市へ移動
24	英	エセル・ウエターバン	62	女	妻	44.7月長崎市へ移動
25	英	カロリン・フリックストン	51	女	宣教師 熱河省赤峰街	44.7月長崎市へ移動
26	英	マーガレット・マッコム	50	女	宣教師 浜江省呼蘭県	44.7月長崎市へ移動
27	英	ドロシー・クロフラード	42	女	宣教師 奉天省新民県	44.7月長崎市へ移動
28	ｶﾅﾀﾞ	ソール・スタニスラス	42	女	音楽教師 大阪市信愛女学院	44.7月長崎市へ移動
29	ｶﾅﾀﾞ	M. A. ベルベ	31	女	修道女 神戸区ｾﾝﾄﾏﾘｱ女学院	44.7月長崎市へ移動
30	ｶﾅﾀﾞ	C. ブーシェル	39	女	修道女 神戸区ｾﾝﾄﾏﾘｱ女学院	44.7月長崎市へ移動
31	ｶﾅﾀﾞ	I. デスチェネス	39	女	教師 神戸区ｾﾝﾄﾏﾘｱ女学院	44.7月長崎市へ移動
32	ｶﾅﾀﾞ	T. セントピエール	31	女	教師 神戸区ｾﾝﾄﾏﾘｱ女学院	44.7月長崎市へ移動
33	ｶﾅﾀﾞ	M. C. レイモンド	30	女	教師 神戸区ｾﾝﾄﾏﾘｱ女学院	44.7月長崎市へ移動
34	ｶﾅﾀﾞ	M. モラン	36	女	教師 神戸区ｾﾝﾄﾏﾘｱ女学院	44.7月長崎市へ移動
35	ｶﾅﾀﾞ	R. マッケイナー	52	女	教師 小林聖心女学院	44.7月長崎市へ移動
36	ｶﾅﾀﾞ	K. マクファーレン	42	女	教師 小林聖心女学院	43.12抑留解除44.5死亡
37	豪	C. ホランド	64	女	教師 小林聖心女学院	44.7月長崎市へ移動
38	ﾆｭｰｼﾞ	B. F. ゴールター	48	女	教師 小林聖心女学院	44.7月長崎市へ移動
39	ﾆｭｰｼﾞ	F. フリン	40	女	修道女 小林聖心女学院	44.7月長崎市へ移動
40	ﾆｭｰｼﾞ	E. E. スプロール	71	女	修道女 小林聖心女学院	44.7月長崎市へ移動
41	ﾍﾞﾙｷﾞ	A. ギーセン	49	女	教師 小林聖心女学院	44.7月長崎市へ移動

名簿 4 長崎抑留所から神戸再度山に移動した抑留者（1944年7月～45年8月）

1	蘭	G. W. Calicher	61	男	無職 長崎県南高来郡	45.8.15まで抑留
2	ノル	Helge Albrethson	43	男	無職 長崎市松ケ林町	45.8.15まで抑留
3	英	Edwin Parker	64	男	無職 長崎市大浦町	45.8.15まで抑留
4	ｶﾅﾀﾞ	Alcantara Morean	49	男	聖ﾌﾗﾝｼｽｺ会修道士 長崎	45.8.15まで抑留
5	ｶﾅﾀﾞ	Calixte Simard	32	男	聖ﾌﾗﾝｼｽｺ会修道士 長崎	45.8.15まで抑留
6	ｶﾅﾀﾞ	Prudent J. Monfette	41	男	聖ﾌﾗﾝｼｽｺ会修道士 長崎	45.8.15まで抑留
7	ｶﾅﾀﾞ	Henri Robillard	47	男	聖ｽﾋﾟﾙｽ会修道士 福岡	45.8.15まで抑留
8	ｶﾅﾀﾞ	Gaston Aubry	38	男	聖ｽﾋﾟﾙｽ会修道士 福岡	45.8.15まで抑留
9	ｶﾅﾀﾞ	Jacques Trudel	40	男	聖ｽﾋﾟﾙｽ会修道士 福岡	45.8.15まで抑留
10	英	Cheng Joo Tan	59	男	牧畜業 鹿児島	45.8.15まで抑留
11	英	Edward ﾍﾞﾝｼﾞﾏﾝ ﾏｰﾁ	67	男	無職 長崎市大浦出雲町	終戦前に抑留解除か
12	英	John T. ウオン	68	男	無職 長崎市南山手町	終戦前に抑留解除か
13	英	A. F. ギャップ	69	男	無職 長崎市西彼杵郡	終戦前に抑留解除か
14	ﾍﾞﾙｷﾞ	S. W. M. イソーマス	72	男	無職 長崎市南山手町	終戦前に抑留解除か
15	ﾍﾞﾙｷﾞ	Poubaix	62	男	宣教師 長崎県西彼杵郡	45.1.14神戸国際病院で死亡

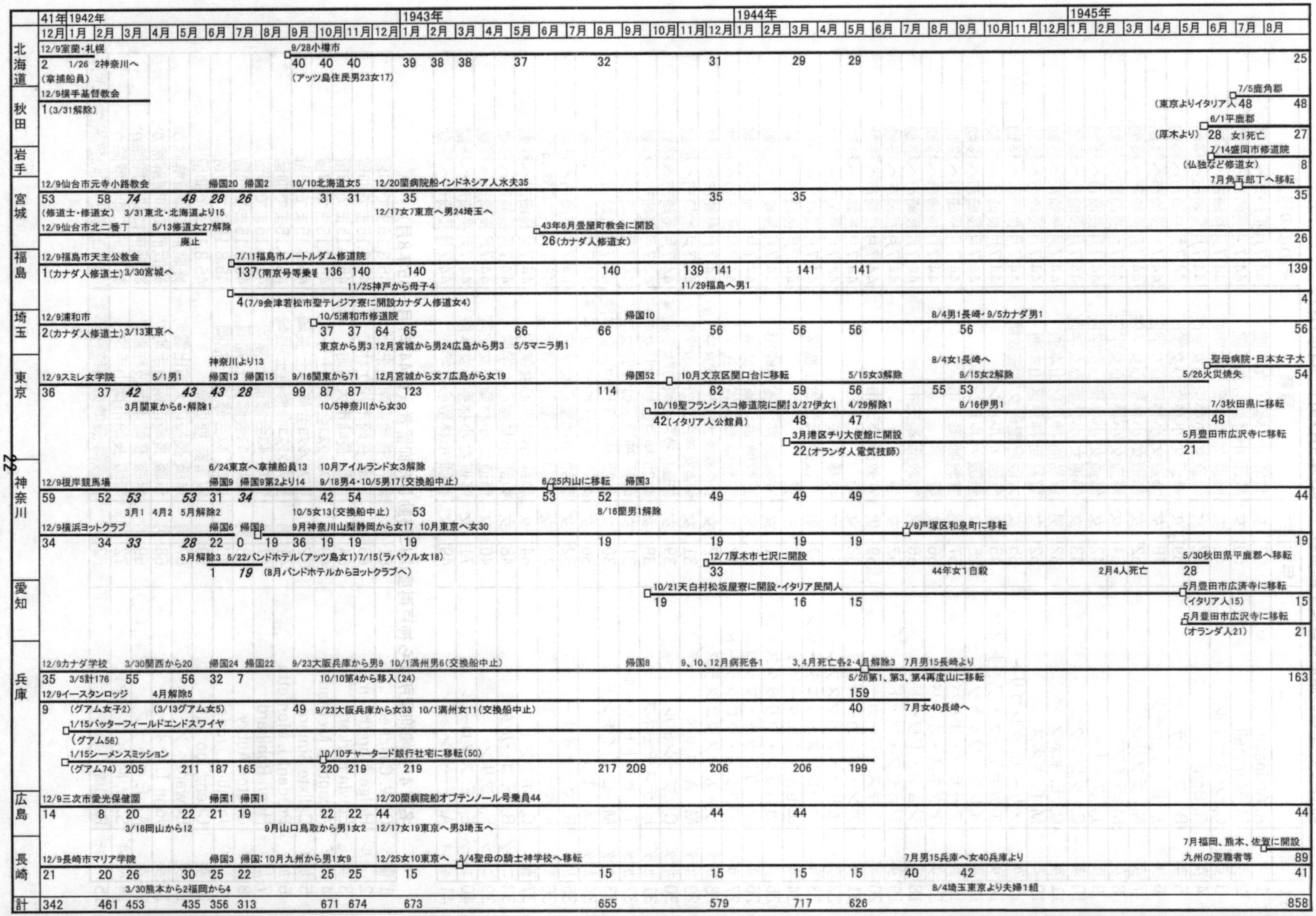
41年 1942年 1943年 1944年 1945年
12月 1月 2月 3月 4月 5月 6月 7月 8月 9月 10月 11月 12月 1月 2月 3月 4月 5月 6月 7月 8月 9月 10月 11月 12月 1月 2月 3月 4月 5月 6月 7月 8月 9月 10月 11月 12月 1月 2月 3月 4月 5月 6月 7月 8月
北海道
12/9室蘭・札幌
2 1/26 2神奈川へ
(拿捕船員)
9/28小樽市
40 40 40 39 38 38 37 32 31 29 29 25
(アッツ島住民男23女17)
秋田
12/9横手基督教会
1(3/31解除)
7/5鹿角郡
(東京よりイタリア人 48 48
6/1平鹿郡
(厚木より) 28 女1死亡 27
岩手
7/14盛岡市修道院
(仏独など修道女) 8
宮城
12/9仙台市元寺小路教会 帰国20 帰国2 10/10北海道女5 12/20蘭病院船インドネシア人水夫35
53 58 74 48 28 26 31 31 35 35 35 35
(修道士・修道女) 3/31東北・北海道より15 12/17女7東京へ男24埼玉へ
7月角五郎丁へ移転
12/9仙台市北二番丁 5/13修道女27解除
廃止
43年6月畳屋町教会に開設
26(カナダ人修道女) 26
福島
12/9福島市天主公教会
1(カナダ人修道士)3/30宮城へ
7/11福島市ノートルダム修道院
137(南京号等乗組 136 140 140 140 139 141 141 141 139
11/25神戸から母子4 11/29福島へ男1
4(7/9会津若松市聖テレジア寮に開設カナダ人修道女4) 4
埼玉
12/9浦和市
2(カナダ人修道士)3/13東京へ
10/5浦和市修道院 帰国10 8/4男1長崎・9/5カナダ男1
37 37 64 65 66 66 56 56 56 56 56
東京から男3 12月宮城から男24広島から男3 5/5マニラ男1
東京
神奈川より13 8/4女1長崎へ 聖母病院・日本女子大
12/9スミレ女学院 5/1男1 帰国13 帰国15 9/16関東から71 12月宮城から女7広島から女19 帰国52 10月文京区関口台に移転 5/15女3解除 9/15女2解除 5/26火災焼失
36 37 42 43 43 28 99 87 87 123 114 62 59 56 55 53 54
3月関東から6・解除1 10/5神奈川から女30
10/19聖フランシスコ修道院に開設 3/27伊女1 4/29解除1 9/16伊男1 7/3秋田県に移転
42(イタリア人公館員) 48 47 48
3月港区チリ大使館に開設 5月豊田市広沢寺に移転
22(オランダ人電気技師) 21
神奈川
6/24東京へ拿捕船員13 10月アイルランド女3解除
12/9根岸競馬場 帰国9 帰国9第2より14 9/18男4・10/5男17(交換船中止) 6/25内山に移転 帰国3
59 52 53 53 31 34 42 54 53 52 49 49 49 44
3月1 4月2 5月解除2 10/5女13(交換船中止) 53 8/16蘭男1解除
12/9横浜ヨットクラブ 帰国6 帰国8 9月神奈川山梨静岡から女17 10月東京へ女30 7/9戸塚区和泉町に移転
34 34 33 28 22 0 19 36 19 19 19 19 19 19 19 19
5月解除3 6/22バンドホテル(アッツ島女1)7/15(ラバウル女18) 12/7厚木市七沢に開設 5/30秋田県平鹿郡へ移転
1 19 (8月バンドホテルからヨットクラブへ) 33 44年女1自殺 2月4人死亡 28
愛知
10/21天白村松坂屋寮に開設・イタリア民間人 5月豊田市広済寺に移転
19 16 15 15
(イタリア人15)
5月豊田市広沢寺に移転
(オランダ人21) 21
兵庫
12/9カナダ学校 3/30関西から20 帰国24 帰国22 9/23大阪兵庫から男9 10/1満州男6(交換船中止) 帰国8 9、10、12月病死各1 3,4月死亡各2・4月解除3 7月男15長崎より
35 3/5計176 55 56 32 7 163
10/10第4から移入(24) 5/26第1、第3、第4再度山に移転
12/9イースタンロッジ 4月解除5 159
9 (グアム女子2) (3/13グアム女5) 49 9/23大阪兵庫から女33 10/1満州女11(交換船中止) 40 7月女40長崎へ
1/15バッターフィールドエンドスワイヤ
(グアム56)
1/15シーメンスミッション
10/10チャータード銀行社宅に移転(50)
(グアム74) 205 211 187 165 220 219 219 217 209 206 206 199
広島
12/9三次市愛光保健園 帰国1 帰国1 12/20蘭病院船オプテンノール号乗員44
14 8 20 22 21 19 22 22 44 44 44 44
3/16岡山から12 9月山口鳥取から男1女2 12/17女19東京へ男3埼玉へ
長崎
7月福岡、熊本、佐賀に開設
九州の聖職者等 89
12/9長崎市マリア学院 帰国3 帰国:10月九州から男1女9 12/25女10東京へ 3/4聖母の騎士神学校へ移転 7月男15兵庫へ女40兵庫より
21 20 26 30 25 22 25 25 15 15 15 15 15 40 42 41
3/30熊本から2福岡から4 8/4埼玉東京より夫婦1組
計 342 461 453 435 356 313 671 674 673 655 579 717 626 858

アシスト自転車、再度山ふたたびさん、そして、「敵国人」抑留所

飛田雄一（『むくげ通信』308号、2021.9. 26）

アシスト自転車を買った。サイクリング仲間に叱られるかと思ったら、貸してちょうだいなどと好意的反応があって安心した。マウンテンバイク系のものだ。

さっそく六甲山に登ってみた。いける。以前、元気なころ、普通のクロスバイクで登ったことがあるが、それに比べたら格段にラクチンだ。鼻歌まじりで登れる。下りはジェットコースターのようだ。

鶴甲団地の自宅から一分ほどで六甲ケーブル下駅。そこからT字が辻まで約30分。自力自転車のときには青息吐息で一時間以上かかっていた。二回目はそこから西へ下った。森林植物園、再度公園、そして再度山ドライブウェイ。このドライブウェイは、樹木がドライブウェイにおおいかぶさるように茂っていてとてもいい。

上部に七三峠があり、その東にある複数の建物が抑留所として使用された。有馬街道から極楽谷をとおる道路がある。七三トンネルが閉鎖されているので今が車で行くことができない。

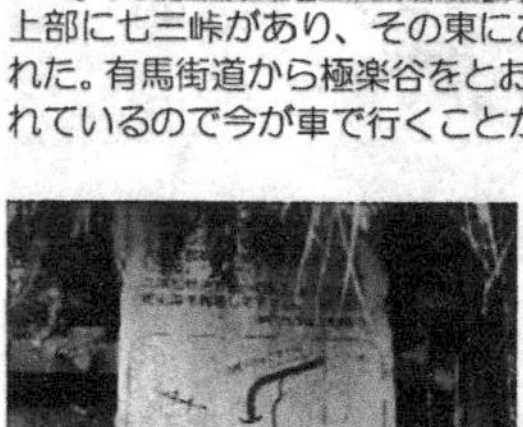

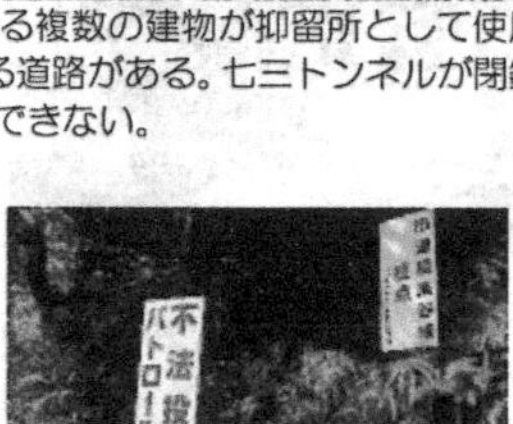

閉鎖された七三峠トンネル。左は、閉鎖されたので登山道から行ってくださいとのこと。右が、分かりにくいが閉鎖されたトンネルの入り口。

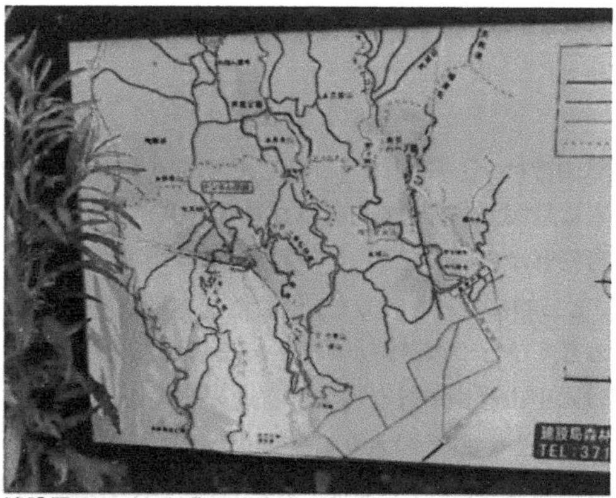

建設局のつくった登山案内図。けっこう入りくんでいるが、分かる人には分かる？

●

このT字が辻からの西コース、再度山ドライブウェイに気になるところがある。二本松だ。ここから西に二本松林道がある。以前ハイキングで来たことがある。その先の七三峠にアジア・太平洋戦争時に「敵国人」抑留所があったのである。小宮まゆみさんの『敵国人抑留－戦時下の外国民間人』（2009年、吉川弘文館）にでてくる。連合国軍捕虜等を研究する故福林徹さんは現地を訪ねてその写真も残している。

8月某日、二本松から西へ、林道を走った。途中、ハイキングコースの大師筋にでる。猩々池（しょうじょういけ）のあるところだ。大師筋は、麓の再度筋に住んでいたころ毎週のように（ウソです）登っていた。小学校三年から高校二年まで住んでいた。母（飛田溢子）は戦前にもこのあたりに住んでいて、庭のバケツが底まで凍ったら兄（鈴木道也）と再度公園（修法が原、われわれには塩が原）までスケートに行っていたという。私の住んでいたころはそこまで凍らなかったが、一度、寒い年にほぼ凍っていて池の真ん中まで歩いていったことがある。

猩々池から更に西へ行こうとすると、鎖がかかっている。一般車両進入禁止。が、自転車はOKだ。更に進む。七三峠近くまできた。地図では峠まで道があることになっているが、ない。大きな仮設建造物（飛田は猩々池の北にある料理店「鯰学舎（ねんがくしゃ）」の鯰（なまず）養殖場だとみている）が道をふさいでいる感じだ。登山道があるようだが、きょうはマウンテンバイクの日なので？あきらめた。

でも二本松林道は更に西の有馬街道まで行けるように書かれている。七三峠はあきらめてそこに行くことにした。けっこうひどい道だ。車なら四輪駆動の小型車でないと無理だろう。わがアシスト自転車は、マウンテンバイク系、なんとか下った。途中押して歩いたこころも何カ所かあったが。

有馬街道にでた。大きな車がびゅんびゅん走っている。怖いが、幸い旧道が並行して残っていたのでそこを下った。そして、なつかしい祇園神社にでた。私は生まれてから再度筋

に引っ越しするまで祇園神社の西、都由乃町に住んでいた。この神社の夏祭りは大きなもので、毎年でかけていた。祇園祭りといえば、この神社の祭りだと思っていた。私はあるとき、京都の話を聞いて、「京都にも祇園祭りがあるの」といって笑われた。

●

神戸の祇園神社から鶴甲団地の自宅まで帰った。阪急六甲から自宅は急坂で、普通の自転車なら登る気がしないが、アシスト自転車ならＯＫだ。

数日後、七三峠にリベンジした。地図には有馬街道から七三峠に登るもうひとつの道路がある。極楽谷の道だ。

こんどは六甲山経由ではなくて、普通に自宅から西へ走り、有馬街道を登って、その入り口を探した。あった。でも、七三峠の表示はなく、「社会福祉法人基督教日本救霊隊 神戸実業学院 KJG、この先 800M」という看板だけがある。行くしかない。行った。建物の入り口に「社会福祉法人 神戸実業学院 八代斌助」という看板があった。八代斌助（1900～1970）はキリスト教界では有名人だ。

右が、有馬街道にある看板。左は、その学院まで行ったとき、入口にあった掲示。

駐車場には車が何台かとまっている。たまたまでてこられた女性が、不審なサイクリストがいる？と、声をかけてきた。怪しいものではないと説明するが通じたかどうか。

この先の七三峠周辺に福祉施設があってそこに行きたいのだといった。すると教えてくれた。

この道を進んでいくと今は閉鎖されているトンネルがある。トンネルの向うには以前社会福祉施設があった。今は移転してそこにはないとのことだった。

しかし、行けるとこまで行かねばと、更に登って行った。道は、すでに使われておらず落ち葉がつもって走りにくい。着いた。閉鎖されたトンネルの入り口があった。七三トンネルが閉鎖されていることはハイキングガイドで調べていた。そのトンネルを捲くように登山道があるが、今回は断念した。

帰路、おそるおそる落ち葉のつもる急な道をくだって、祇園神社、そして家に帰った。猛暑のなか、われながらよくやる。

●

福林徹さんの資料。

福林徹さんからいただいていた資料では、「社会福祉法人くすのき会 知的障害者厚生施設 ひふみ園」と「神戸市青少年会館 若者の家」に敵国人抑留所があったとのこと。そのパンフレットのコピーもあった。電話をした。その電話は使われていなかったが、なんとか電話をした。神戸市青少年会館のかたが、若者の家のことを教えてくれた。（住所は、ひふみ園が神戸市中央区神戸港地方口一里山一の一五〇。若者の家が同一の一三二）

七三トンネルが閉鎖されるときに若者の家も閉鎖した。建物はとりこわされ、今は森にかえっているのではないか。となりのひふみ園もそのときに閉鎖となって別のところに移転した。（福林メモにある）「榎原ちかし」さんは、若者の家の管理人さんだと思われるが亡くなられた。

福林さんの資料にもう一枚の写真がある。そこに先の写真３枚に加えて、「若者の家」の看板の写っているものがある。そしてそこには、「再度山民間人抑留所の唯一の名残りとみられる一棟」とある。右上の若者の家の写真は福林さん撮影のものではないようだが、残りの写真には、1996 年 4 月 13 日と日付が入っている。その時期に福林さんが現地調査をされていたということだ。頭が下がる。

これも、福林徹さんの資料

おかげでだいたいの事情が分かった。二万五千分の一の地図（2005 年 3 月）には、七三峠の東に建物がいくつかあるが、それらがひふみ園と若者の家であったようだ。今度は、ハイキングでその森になった？ところにいかなかればならない。

●

家でも調査が続いていた。ネットで七三峠をしらべたらマウンテンバイクの達人が何回か登っている。

「f/k/a 北摂ひっそり」さんのブログ「路面と勾配／自転車でいくマイナーロード」に、「廃トンネルと七三峠」（2014/05/07）があった。丁寧な解説と写真が参考になる。

http://nekotani.blog.fc2.com/blog-entry-332.html

氏は、私と同じように有馬街道から極楽坂を登り、閉鎖されたトンネルまで行っている。後日、「二本松林道とオマケ」（2016/01/03）を書いている。

http://nekotani.blog.fc2.com/blog-entry-1007.html

それによると、私が鯰の養殖場ではないかと推測したところにくすのき会の看板をみつけている。私が行ったときにその看板が撤去されていた。

明らかにそのゲートの奥に抑留所として利用された施設があったのである。また、ネットで別の「廃墟」調査グループのサイト

https://haikyo.info/s/8695.html に以下の記述がある。

「七三峠のトンネル（若者の家）／住所 兵庫県神戸市兵庫区平野町／種類 廃道 兵庫県の廃道／現況 現存／状態 七三峠のトンネル（若者の家）／概要・歴史 七三峠のトンネルは兵庫県神戸市にある廃隧道。中央区、兵庫区、北区の境にある極楽林道・七三峠に位置する。この奥には神戸市立「若者の家」と入所更生施設「ひふみ園」があったが、2006年頃に解体されたらしい。大正年間には知的障害の子ども達の施設「竹馬学園」があり、戦時中には「兵庫抑留所」として利用されていたという。心霊スポットとも言われる。」

いやいやいろんなマニアがおられるが、そのおかげで情報を得ることができて感謝している。ハイキングのサイト Yama Roco にも七三峠の紹介があるが、そこでは、七三峠(ひちさんとうげ)という読みがかいてある。「ななさん」だと思っていたが、「ひちさん」が正しいのか？　いや、？？？が、いろいろでてくる。

これらのネット情報をもとに、再度現地調査をしなければならない。でも、暑い日が続いた。

●

以上の情報を、私も会員の POW 研究会のメーリングリストに投稿した。POW は、Prisoner of War、戦争捕虜のことだ。すぐに返信があった。

ひとりは、田村恵子さん。『戦争花嫁―国境を越えた女たちの半世紀』（共著、芙蓉書房出版、2002）を書かれたかただ。

「私はずいぶん前になりますが、福林さんにだいたいの見当を教えていただき、車で有馬街道から横道に入り、現地を訪問しました。／有馬街道沿いにあった福祉施設で道を尋ね、横道を進むと車が通れなくなり、小高い丘を徒歩で越えると抑留所跡に出ました。当時の建物はなくなっており、福祉施設として使用されていた建物が残っていました。でも誰かが時々訪れているような雰囲気だったように記憶しています。／飛田さんが書かれたトンネルはやはり閉鎖されていたので、どこへ通じるかはわからなかったのですが、敷地の浜側にあり、おそらくそのトンネルを使って抑留者が時々神戸市街まで下りて行ったのだろうと想像しました。／山の中で、外界から隔絶された雰囲気だったのをよく覚えています。地元神戸に住む知人二人に連れて行ってもらったのですが、地元の人も全く知らない場所でした。抑留所があっただけではなく、戦後は福祉施設がそこにあったと知り、障害がある子供たちを世間の目から遠ざけて世話をする、あるいは世話をせざるをえなかったことに、複雑な気持ちを持ちました。／今でさえ不便な場所ですが、戦争中はさらに行くのが大変な場所だったのです。しかしスイス領事館の担当者は抑留所を頻繁に訪問して詳しい報告書を残しています。」

そのスイス領事の報告書も送っていただくことにした。届いたら久しぶりに英語の勉強をしようと思う。

図7　再度山の抑留所（終戦直後撮影，『Trapped with the Enemy』より）
1944年5月以降，神戸抑留所とされた。

小宮まゆみ『敵国人抑留ー戦時下の外国民間人』200 頁より。

あとおひとり、『敵国人抑留－戦時下の外国民間人』を書かれた小宮まゆみさんからも返信をいただいた。

「再度山の抑留所について、色々興味深い情報をありがとうございました。／私もずいぶん前に福林さんに案内してもらい、現地を訪れたことがあります。／探してみたら写真のデータが残っていました。2007 年 8 月 4 日だったようです。田村さんのおっしゃるように、抑留所だった木造の建物はすでに無くなり、社会福祉法人くすのき会の知的障害者施設ひふみ園と、神戸市青少年会館若者の家の建物が残っていました。しかしもう使われていないようでした。木の柵で閉鎖された小さなトンネルがあったので、それが現在では幽霊の出る心霊スポットと言われているのでしょう。／飛田さんの紹介して下さった「廃トンネルと七三峠」などのネット記事を読むと、途中の道がかなり荒れているようなので、車でも徒歩でも行くのは難しく、それこそマウンテン

バイクで行くしかないような所になってしまったようですね。(2007年当時は車で行けました)／飛田さん、今度アシスト付きマウンテンバイクで現地を訪れたら、建物を撤去して森になってしまったという現地の写真を1枚ください。」

やはり、森となった？抑留所に行かなくてはならない。

●

B29の機体より作ったしゃもじと玉置昭爾さん

さて、今年の3月17日の神戸空襲を記録する会慰霊祭(神戸市兵庫区・薬仙寺)でのことである。堺市から玉置昭爾さん(91歳)が参加された。しゃもじを持ってこられて、記録する会に寄付してくださった。それは、1945年3月17日の神戸大空襲のときに緒方醇一大尉がB29に体当たりして撃墜された機体(後述)の破片から作ったもので、抑留されていた白人の外国人からもらったものだという。玉置さんのお話は以下のとおり。

抑留所で監視にあたっていた警察官のおじさん(広田義男、玉置さんの母の弟、)に大豆を届けにいった。おじさんは戦後すぐに交通事故で死亡した。30過ぎぐらいで子供がいた。その後、親戚付き合いはしていない。元町か三宮あたりから歩いて登った。行ったときには、外国人も普通の服装だった。初めてベッドをみてびっくりした。その晩そのベッドに初めて寝かせてもらった、皿にスプーンでおかゆのようなものをたべた。みんな同じものだった。(神戸空襲を記録する会事務局長、小城智子さんより)

三宮か元町から歩いて登ったということは、一般的な登山道である大師筋からだったと思う。帰りは、使われていた七三峠トンネルを車でおくってもらったかもしれない。

●

神戸新聞の「戦後60年特集・記憶を託す」4に宮沢之祐記者(当時)が「B29撃墜、その後－落ちてきた米兵」(2005/11/15)を書いている。そのじゃもじの「原料」となった？B29の話である。

「井上仁性(じんしよう)さん(86)にとってチョコレートは、六十年前の記憶の箱を開けるかぎになる。／神戸・再度山の山腹にある大龍寺の住職。一九四五年三月十七日早朝、緒方醇一(じゆんいち)大尉の戦闘機とともに墜落したB29爆撃機を、憲兵よりも先に発見した。／場所は現在の再度公園で、修法ヶ原(しおがはら)池の西岸。大破した機内の座席や近くの松の枝上で米兵が死んでいた。「皆、かわいい顔の少年兵。憎いとは思えんかった」／チョコレートやあめが大量に散らばっていた。拾った缶やポケットに、ありったけ入れた。甘い物がない時代、“戦果”を高齢の父母が喜んだ。落ちていた温かそうなブーツ一足も拝借した。／井上さんの記憶では、遺体の米兵は七、八人。生き残った米兵がいたと伝え聞いたが、詳しいことは分からなかった。／B29の撃墜は当時の新聞も報じた。遺体は十九日になっても山中に放置されていた。二十日付の神戸新聞は「見たり體當(たいあた)りの尊き戦果」との見出しを付けた。／十七日の無差別爆撃は、一晩で神戸市西部を焼き払い、二千七百人ともいわれる市民を殺した。憎悪は死者をも報復の対象にした。記事には〈敵死骸(しがい)に向かって痰(たん)をかけ脚で蹴り上げてゐる中学生二人の姿こそ港都市民の激怒を表徴してゐた〉とある。／米兵については〈撃墜されるや直ちに落下傘で降下せんとする卑怯(ひきよう)な彼等(かれら)である〉としたが、生存兵には触れていない。／生存兵、つまり、捕虜の存在は軍の機密事項だった。報道どころか口外さえ禁じられたという。／終戦を迎えて、いっそう話せなくなった。連合国軍総司令部(GHQ)が戦犯捜査を開始、暴力に加わった者の処刑がうわさされた。井上さんは、チョコレートやブーツの持ち去りを罪に問われないか怖くなった。ブーツは妻の実家のある県西部に隠したという。／撃墜されたB29の乗員はどうなったのだろう。／私たちは、「POW(戦争捕虜)研究会」の共同代表で、高校教員の福林徹さん(57)＝京都府＝を訪ねた。／この十年、東京の国会図書館などでGHQの資料を集め、分析した。元憲兵や、刑務所で米兵捕虜と同室だった日本人の供述書もある。「裏付けとなる証言も集め、地域の戦争史を明らかにしたい」と福林さん。井上さんからも聞き取り調査をした。／再度山に落ちた米兵の、その後─。調査によると、乗員は十一人だった。墜落時に九人が死亡。落下傘で脱出したロバート・ネルソン少尉とアルジー・オーガナス軍曹が生き残った。／二人は山中で警官らに捕まり、中部憲兵隊司令部(大阪市)へ移送。取り調べ後は大阪陸軍刑務所に収容されていた。」(この記事に、「修法ヶ原(しおがはら)池」とある。私ら神戸人は、「しおがはら」といっており、地図にも「塩が原」というのもあった。「修法」を「しお」と読むのが神戸弁なのか？)

●

民間人抑留所について、もうひとつ興味深い話がある。2002年6月13日、「神戸港における戦時下朝鮮人・中国人強制連行を調査する会」(代表・安井三吉)が連合国軍捕虜の勉強会を開いた。テーマは、「神戸港強制連行と連合国軍捕虜」、講師は福林徹さんだ。この勉強会に明石在住の松本充司さん(1927年8月5日大阪生まれ、当時85歳)が来られた。松本さんは、1945年、神戸警備隊中部6部隊に所属していて、連合国軍捕虜監視の責任者だったという。神戸市内の民間人抑留所も担当していて青谷の抑留所などをまわったが、そこにいた人々が空襲のときにどうなったのだろうかとその後も気になっていたとのことだ。新聞で集会のことを知って参加されたのだ。

調査する会の溝田彰さんが2002年7月12日、松本さんのご自宅で聞き取りをした記録が残っている。その記録に民間人抑留所については、次のようにある。

一般の外国籍の民間人は第1から第4までの抑留所に収容していた。人数と国籍は確認しに廻ったがあと、食事の事とかは管轄外であった。青谷の乗馬クラブの隣の大きな家が一般の第1抑留所だった。そこには2回兵隊と巡回した。抑留所への坂は当時からアスファルト舗装してあり、裏に鋲が打っている軍靴は滑るので兵隊が巡回するのに困った。人員書（名簿）は申し送りで次に渡した。地図はボロボロだったのでその時に作りなおして新しいの方を渡し、古い方は捨てるつもりで手元に置いていた。

その「地図」を後日もってきてくださった。松本さんは几帳面なかたで、詳細に軍歴も記録され、地図も廃棄すべきものを残していたのである。A3、4枚分の大きなもので、大正時代のローマ字入りの神戸市内の白地図に神戸警備隊、軍需施設工場、食料集積所などを書き込んだもので、4か所の民間人抑留所の場所も記載されている。（神戸港調査する会のHPに貼り付けたのでごらんください。コピー版配布も可能です。以下はその一部、青谷の抑留所ほか。私は結婚後数年、その第一抑留所のすぐ北の城の下通に住んでいた。青谷の乗馬クラブは、私がそこに住んでいるころ、神戸市西区に移転した。神戸市関連の裏金が動いたという噂があった・・・。）

松本充司さん提供の地図の一部

●

松本さんの地図にある4か所の抑留所は、前掲小宮まゆみさんの本によると次のとおりである。（地名は当時のもの）

1）神戸市灘区　カナダ学院

2）神戸市神戸区　イースタンロッジ

3）神戸市神戸区　バターフィールドアンドスワイヤ

4）神戸市神戸区　シーメンスミッション

以下、小宮さんの本のなかで神戸関係のものをピックアップして紹介する。

抑留初期に、「兵庫県では開戦時に民間人の抑留だけでなく、スパイ容疑で警察と憲兵隊に計27名の外国人がいっせいに検挙拘留された」という。

1944年5月23〜26日、第1、3、4抑留所が再度山に移転した。第2抑留所に抑留されていた小林聖心女子学院（宝塚）の修道女17名ら計40名は、同年7月長崎抑留所へ移動させて閉鎖した。

再度山抑留所について、パンアメリカン航空の社員は、「われわれはごみごみした街を出て、山中の安全な場所に移動することになった。木立の茂る丘に囲まれ、あたりは大変静かで空気は新鮮、プライバシーがあり、そして何よりもとても美しいところだった」と回想している。

「終戦時の敵国人抑留所（1945年1月〜8月）」の一覧表には、21か所、計858名、死亡者数50名とある。兵庫県は、「神戸市葺合区再度山　養護学校竹馬学園、163名／主な抑留者、グアム島アメリカ人・在日英米人／死亡者12名」

そして敗戦後、「神戸の再度山に抑留されていたグアム島のアメリカ人のところには、9月8日、米軍の救出部隊がやってきた。荷物をまとめてその日の夜行列車で横浜に移動し、翌日には厚木飛行場から沖縄経由でマニラに飛び、9月24日、ハワイホノルルに到着した。」

●

そして、いよいよ、森となった再度山抑留所を訪ねるべくアシスト自転車に乗った。9月20日のことだ。快調に六甲山越えで二本松林道に入り、七三峠直下まできた。後は徒歩での少しの登りだ。先に紹介した鯰の養殖場だと私が考えたところの東側の細い登山道だ。けっこう歩いたがそれらしいところにたどり着かなかった。また道を間違えたのだ。後にスマホの「Yamap」（飛田愛用のお勧め登山マップ）の位置情報をみると、養殖場の西側の登山道を登らなければいけなかったのだ。そのため、この文章の最後を飾るはずの「森に帰った抑留所跡」の写真は、ない。そのかわり、帰路、再度山ドライブウェイにある防空壕跡の写真をとってきた。前々から気になっていたところだ。そのうち、この防空壕のレポートも書きたいと思っている。（※道を間違えたおかげで？、養殖場の全貌を登山道からみた。養殖場ではなく椎茸の栽培場でした。まちがいの多いレポートでした。）

再度山ドライブウェイ沿いにある防空壕跡。

ラジは、そをするギリスるようイギリならなた。今力も興に感じ聞いてってもケン語話し方く耳に領の発長の東訛りがだろう節では方のもると、のかもアフリ生粋のを操った。
退
ロン
て、何
先ずア
方であ
揚に乏
ヤンキ

日華月報

EASTERN CULTURE

No. 146

発行所　神戸市生田区山本通5丁目67

編集人 兼 発行人　鴻　山　俊　雄

もくじ（第一四六号）

イギリス訪問の旅(2)
—在倫敦チャイナ・タウン　瞥見—……1
神戸市の裏山にあった外人抑留所再度キャンプ FUTATABI CAMP……4
顧愷之女史箴図巻模写……7
チベット旅行記(下)……8
中国の目(五)……10

感じる。
ッシュの基
ども一本調
まるで説教
ことばの解
める筈の劇と
柔かみに乏
るようにさえ
当るBBC
（間放送IT
ように朝か
いない。イ
で満足し、
うだ。日本
過剰であ
、飽くこと
ぬ日本人の
る、といっ
じ企画のも
でき上り、
ース記録映
なものを各
いうに及ば
を派遣して
だ。また劇
裳にこり金
誇り、視聴
。イギリス
ばかりだ。
ロドラマな
—
まれば何と

かなるものだ。四人兄妹のうち一番案じられていた末娘が渡英後、やっと一年目でタクシーとの交渉、地下鉄、バスの切符購入を始めとして食料品、衣料店での品定めのやりとり、ラウンドリでの交渉など、頼りない英語でもテキパキと要領よく処理していくのには感心した。

事情は多少異るけれども、ここロンドンに渡来する植民地の各種民族も生きるためには英語をマスターせねば生活できない。単一民族で単一の日本語だけで暮している国内の日本人は、格別に語学を学ぶものは別として、こんな余分なことに煩わせられることがないので、幸せだといわねばならない。

五才になる孫が二ケ月ほど前からインファント・スクールへ通い始めた。ことばもわからぬのに憶面もなく、楽んで通学している。時にはことばがわからないので、いじめられるというより、からかわれることもあるらしいが、学校嫌いにもならず通っているので安心した。

幼児がことばを覚えるのは、文字からでも文法からでもない、生のことばと相手の感情そのものから、直接理解し会得するものだ。何時だったか"おじいちゃんワッチャユアネーム"というような発音で訊ねた。ホワット・イズ・ユア・ネームとはいわなかった。余りの突然のことで、どぎまぎしていると繰り返えしてまた訊ねるので、しかつめらしくこの小さな孫に姓名を申し述べた。学校で友達からよく訊ねられるのであろう。また美しいということばには、こういう時にはこんなにいうんだよ、と説明してくれた。Appleアプルの発音も、繰返えしてさせられた。理解も耳から口に移しているので、身につき発音もすばらしい。今暫くすれば上手になるだろう。

神戸市の裏山にあった外人抑留所再度キャンプ FUTATABI CAMP

鴻　山　俊　雄

華北から中国本土へ戦乱が拡大しつつある昭和十四年、第二次大戦が勃発し、翌十五年には日独伊三国同盟が締結された。既に大勢は日米開戦が予想されていたところ、遂いに翌十六年十二月六日、真珠湾攻撃によって開戦の火ぶたが切られた。

それに先立ち昭和十六年に入ると、在留民で家族を引揚げ帰国させるものが漸次多くなり、その年の夏頃には米英蘭三ヶ国の在神銀行会社の代表者達が国防保安法を適用され、警察当局によって次々と逮捕された。諜報容疑で取調べられた後立件送致され、裁判の結果は有罪者として十名ばかりの米英人が、日米交換船でそれぞれの本国へ送還された。

他方、欧洲でも戦禍が拡まり、これに加えるに当地情勢の緊迫感から、一般在留民の間にも不安の色が濃くなってきた。その矢先の同年十二月八日日米開戦となり、居残っている居留民は抑留されることとなった。チャータード銀行、和蘭銀行、蘭印銀行など英米蘭三国の在神各銀行会社が、敵性国財産として警察によって接収されたのはいうまでもない。これと同時に抑留者を収容する場所として、

チャータード銀行
　神戸区京町六七
バターフィールド汽船会社
　神戸区江戸町一〇三
シーメンス・ミッション
　神戸区伊藤町一〇九
右二行一社の寮（何れも北野町一、二丁目にあり）を使用
イースタン・ロッヂ
　神戸区北野町一—二四

の四ケ所が接収使用されることとなった。

県警本部では、英米蘭三国人が居住する所管警察を動員して、在留民をこれら抑留所へ収容することとなり、各家庭の戸主である男子のみを収容した。既にその頃には、在留民は殆んど帰国引揚げており、収容されたものは日本人を妻とするものなど、引揚げ難い事情のある約三十名ほどしかいなかった。当初、前記四ケ所に収容したが、日本側の取扱いの不手際から統一を欠き、かつまた抑留者から不満の声が聞かれたので、一個所に纒め、収容すべく考慮していたところ、翌昭和十七年夏頃グアム島の捕虜が送られてくることとなった。グアム島で捕虜となったものは軍人、一般人の区別なく輸送されてきたので、到着地の香川県善通寺でさらに捕虜軍人と非戦斗員であるものとに分け、非戦斗員である一般民間人のみが神戸へ送られてきた。その数は百数十名、その大部分はグアム島にある土木建設会社で働いていた労務者である。腕には入れ墨を刻り込んだものが多く、立小便をし手鼻をかむような教養のない連中ばかりであった。

さきに述べたように、抑留所が四ケ所に分れ管理統率の不便なことと、抑留者に対する処遇が間々統一を欠くことがあることのほか、B29の来襲による市街爆撃も漸次多くなり、抑留者の安全をはかるためにも一ヶ所に収容することが緊急に望まれた。偶々市の背後、再度山中に繊維商竹馬商店が所有する林間学校（もとは海外出稼者の子弟を預かり収容していた学校）が借受けられたので、これまで四ケ所に分散収容していたものは、グアム島から来た百数十名と合わせ、計約二百名を収容することとなった。

この外人抑留所は、正式には兵庫県再度山抑留所と称し、抑留者は「再度キャンプ FUTATABI: CANP」と呼んでいた。

場所は現在の
　神戸市生田区神戸港地方
　　ロ一里山一—三二
にあり、敷地面積約二万坪、建物は木造二階建洋館一棟のほか木造平屋建五棟、同じく日本家屋五棟、延計二、三二五㎡（七〇五坪）、周囲は松林に覆われ、海抜三百三十米の高地にある静寂そのものの環境に恵まれたところにあった。只人家のある市街地平野へは、四キロの坂道となっているので、交通に不便なことが欠点とされた。

抑留所は、県警本部外事課所管のもとに、直接には警部補の所長以下、巡査部長二名、巡査十四名が配置され、これを二班に分けて八名ずつで一昼夜交替に勤務するもので、警備員は私服を着用していた。

一方、抑留者側では自治会を作り役員を選出した。委員長には、グアム島から来た無学ではあるが統卒力のある労務者のボスがなり、副委員長には神戸在留民で大学出の自治 会計に明るい Wood-ruff が選ばれた。このほか日本語に勘能な在神居留民三名が通訳に当った。（ハッター、混血。ハロルド・メーソン、妻が混血。ジョーンズ、日本名城司、妻日本人）

抑留所内での毎日は、朝晩の点呼があるほかは全くの自由である。この抑留所となった木造二階建旧校舎内には、細長い廊下に副って十ばかりの教室があり、これを部屋として使っていた。各部屋には壁に副って二段ベッドがあり、抑留者はここで寝起きしていたのである。また、部屋は建物外側と廊下に副ったところに、ガラス障子をはめ外部とを区切ってあった。

人里離れたこの辺りは、春から秋にかけて山荘住いのように快適ではあったが、冬期は冷え込みがきつく、格別の配慮から、幸いにもストーブが各室に備えつけられ、燃料不足の折でも山には薪は十分あったので、暖をとることができた。収容人員が多くかつ欧米人なので、風呂はなかったがシャ

ワーが設けられ、毎日身体を洗った。またよく起る電灯、電気の故障、建物器具の破損などある時には格別に人手を要せず、誰かによって迅速簡単に修理がなされた。グアム島からきた連中は、大抵土木建築電気工事の経験と修理の腕をもっていたからである。

食事は、県本部雇入れの業者がコックと雑役を使って食事を作り、それを別棟の食堂で食事させていた。毎日の食料は山を降りて平野街道を通り、平野に着くとトラックで運ばれてきた食料品、米、パン、バター、肉、魚、野菜等を受取り、抑留所から引張ってきた牛車に積みかえて持ち帰えるもので、四、五名が輪番で輸送に当った。

外出は禁止されてはいるが、家族からの訪問は自由に許されていたので、在神居留民の家族は週に一回、子供連れでよく訪れてきた。生活必需品の持ち込みもやかましくいわなかったので、食料品、身の廻り品を持参するのはもちろん、大抵朝十一時頃到着し食事を共にして、三時頃帰途についた。面会には面会室が準備してあり、面会者のある時にはグアム島からきたものは羨ましげに見守っていたという。娯楽はトランプ、チェスのほか新聞、雑誌、小説もあり、只手紙は外事課を通じて発送受信がなされていただけである。いつかクリスマス・パーティには物資欠乏の時節ながらビールが三人に一本の割合で特別配給され喜ばれたことがあり、抑留中には病人も重症者は出ず、死亡者も老人か歿っただけであると関係者は語っている。

神戸にあった交戦国の領事達がすべて本国へ引揚げた後は、中立国のスイス領事が在留民の生命財産の保護を委任されたので、時々抑留者の状況視察のため訪問し、その結果報告がそれぞれの国へ通知された。スイス領事が訪問してくる時には、国際赤十字社から送られてくる慰問品として、幅一尺五寸、高さ五寸位の紙箱が当初一人当り三箱位も支給されたことがある。なかには粉ミルク、チョコレート、粉末コーヒ、石鹸、たばこ、ビスケット等が入っており、お互に欲しいものを交換をしていた。このほかスイス領事の特別な配慮によってビタミン剤も配給されていた。

抑留所内での事件ではないが、こんなことが起った。と当時の関係者が話している。「年月日ははっきりしないが、神戸が空襲され始めた頃のことである。B29に襲いかかった日本の戦斗機が抑留所の上空で体当りしたのを、抑留者達が怖さも忘れ放心状態で見たことがあった。空中戦の直後には機体の一部である翼が落下してきたり、抑留所の前にある松の木に米軍操縦士が椅子に腰かけたままの姿で落ちてぶら下っていた。屍体は七、八名ほどもあったが、日本軍が調べにきて運び去った。周辺のあちこちに散らばったジュラルミン製翼の破片を抑留者は所内に持ち帰えり、暇にあかしてフライパンとか色々と細かなものを作って楽しんだものである。また抑留者は地図を壁に貼り、新聞等によって知った戦況をもとにして、彼我の勢力情況を判断していた。なかには小旗を作って地図の上に戦況がわかるよう挿しこんでいるものもいた。そして殆んどのものは、石油のほか物資の豊富なアメリカは決して敗けないと信じていたようである。」と。

十九年三月となり、戦況は益々日本に不利となってB29の都市爆撃が激しくなってきた。在神居留民の抑留者は一様に家族の安否を案じ、県本部でもそれらの家族を安全な場所へ一括収容するため疎開先を有馬と武田尾に内定し調査にかかった。しかし、旅館の大きなところ、例えば有馬の兵衛は海軍省関係の傷病兵保養所として、また五所の坊は陸軍被服廠の寮として借上げられ、その他のところも大同小異どこか軍関係のところと契約済で余裕がなく、接衝を続けているうちに終戦となった。

あとがき

今年は、日米開戦後ちょうど三十五周年に当っている。顧ると、明治以降今日までの一世紀、これほど永く平和が続いた時期はなかった。これは、敗戦を契機として戦争を放棄し、平和憲法のもとに文化国家となったことに基因するものと考えられる。だが果して永遠の平和がもたらされ、保たれるであろうか。

他方戦争のある度毎に、その勝敗の結果がどうあろうとも、被害を被るのは常に国民である。だから、世界の人びとは永遠の平和を求めてやまない。にも拘らず、どこかで絶えず戦争が起っている。どうして人びとの願望がかなえられないのだろうか。

三十五年前の戦争中、在日外国人は戦争が終結するまで、敵性国民であると否とに拘らず誰もが不自由な生活を余儀なくされた。しかし、日本では敵性国の居留民でも、ドイツにおけるような非人道的な処置はおろか、アメリカの西部在留日系人に対するような不法な扱いなどは、些かも加えられなかった。当然のこととはいえ、幸いであるといわねばならない。このことは、先きに述べた外人抑留

所があったことさえ忘れられ、知られないままにきたことからでもわかるであろう。だが、年月の経過によって、戦時下における在留外国人の情況も忘却の彼方へ消えつつあるので、当時における在留欧米人の生活事情を知る資料の一端として、調査したのが本文である。

この調査に当って、当時右抑留所長であった日笠武敏氏らに負うところが多いことを、付言して謝意を表するものである。

参考事項

キャンプとして使用されていた建物は、戦後浮浪児を収容する神戸再度山学院として使用されていたのを、昭和十一年神戸市が法務省より譲受け、神戸市立産業技術院訓練宿舎として使用、同五十二年廃止となり、現在は再度山青少年の家に転用されている。

なお大小併せて十一棟あった建物のうち最も大きい第一棟（九九〇㎡）とその他四棟（二二〇㎡）は昭和四十二年七月同地を襲った山津波のため流出したり、損傷甚だしく取壊されて、現存するものは僅か二、三棟に過ぎない。

顧愷之女史箴図巻模写

重久篤太郎

ロンドンへ行くと、いくつかの公園、図書館、博物館、美術館を訪れることにしている。最近はそれに文人の旧宅、墓地が加わっている。その中でも、かかしたことのないのはハイド・パーク公園を散策することと、大英図書館を訪ねることである。一昨年一月に大英図書館を訪問した時には、東洋写本刊本部の閲覧室で世界で唯一冊というキリシタン版の天草刊「平家物語」、「伊曽保物語」と「金句集」の合綴本をみせてもらった。このキリシタン版がいつ、誰の手によってロンドンに将来されたかは解明できなかったが、貴重な原本を手にした悦びは今も忘れない。

三種のキリシタン版の閲覧を終えると、ケネス・ビー・ガードナー次長は同じ構内にある大英博物館の展示場の方へ案内された。開催中のターナー水彩画特別展のある部屋の側の椅子でしきった小さい一室に入ると、かねてから観たいと思っていた中国の古画顧愷之の「女史箴図巻」が展示されていた。顧愷之は常時展覧されていないけれども、私が訪れた時はちょうど二日前まで宋元の絵画展があったので、「女史箴図巻」は未だガラス・ケースに入ったままになっていた。こうした時期にロンドンを訪れたことは至って幸運であったが、訪問の日時まで指定した私の我儘をきいて下さったガードナー次長の好意に感謝しながら、念願の顧愷之の原画にはじめて接して、ゆっくりと鑑賞することが出来た。

「女史箴図巻」は長い巻物で、螢光灯の照明でガラス越しにみるように陳列してあった。図巻は絹地の歳月を経た色合の上に非常にデリケートな細い線で細密描写され、しかも長い年月でひどく傷んでいるのを丹念に繕ってあるのがはっきりわかった。これまでみていた前田青邨、小林古径両画伯の「臨顧愷之女史箴巻」とは少し違った印象をうけた。

この大英博物館所蔵の「女史箴図巻」は、中国の晋時代に活躍した画家顧愷之の筆になるものを唐時代に模写したものと伝えられている。陳列された「図巻」には、「顧愷之（紀元三三四—四〇六頃）の唐時代（紀元六一八—九〇六）模写」という英文の解説が付いていた。原来中国にあったのが義和団の乱に逸出して英国に渡り、大英博物館の所蔵に帰したという。

日本では、大正十二年にロンドンに於いて、前田青邨、小林古径が東北大学の委嘱をうけて顧愷之の模写を行った。いま東北大学に秘蔵される「臨顧愷之女史箴巻」は、原画の真を伝える優れた模写とされている。ところが、前田、小林両氏の模写から半世紀余りを経た昨年八月、京都市立芸術大学日本画の木下章、岩井弘、岩倉寿の三助教授は、学生時代から念願していた顧愷之の複本を作成するためロンドンへ出かけた。出発前、臨模の方法で模写を申請したところ、大英博物館では、現物の前では鉛筆の臨模に限り、絵具類は持ち込まないことという条件をつけた。そこで模写グループは、図柄によって分断して三人が分担することとし、地色や墨の骨描は複製によって準備した。現場では色合せをして、模写の作業は近くのデユルリー・レーンのホテルで行う予定であった。

しかし、大英博物館に出かけると、印刷の複製があるにも拘らず「女史箴図巻」の少しでも実感が欲しいという三助教授の熱意が認められて、展示室のすぐ横の東洋古美術部の閲覧室や研究室が提供されたので、至って能率的に模写の作業を行うことができた。現場では鉛筆写生を行い、色合せをするなど対照確認した上で、閲覧室において同種の顔料による朱と墨とで彩色するという作業を続け

2007年　歴教協兵庫大会　第1分科会レポート

神戸にあった捕虜収容所と
敵性外国民間人収容所

京都府立城南高校

福林　徹

はじめに

太平洋戦争中、日本国内の各地には多数の連合軍捕虜収容所や、敵性外国民間人抑留所が設置されており、神戸市内にも、延べ４ケ所の捕虜収容所と延べ６ケ所の敵性外国民間人抑留所があった。

捕虜収容所は、東南アジアなどの日本軍の占領地で捕まった連合軍兵士を、労働力として使役する目的で国内へ移送して収容したもので、陸軍の管理下にあった。これに対して、民間人抑留所というのは、非軍人の連合国籍の外国人を収容したもので、日本国内に住んでいた外国人と、日本軍の占領地で捕まって国内へ連行された外国人の２種類があり、内務省の指揮下に各都道府県警察本部が管理にあたっていた。

捕虜は、国内の工場、炭鉱、鉱山などで強制労働につかせられたが、民間人抑留者には労働は課せられなかったという点で、両者の待遇は異なっていたが、いずれの場合も、戦時下の極度の物資不足、劣悪な居住環境、監視員の暴力などにより、苛酷な生活を余儀なくされたことに変わりはなかった。このような彼らの体験は、旧連合国では第２次大戦中の日本軍による戦争犯罪の一つとして強く記憶に留められており、今日まで広く語り継がれている。

しかし、日本側では、その実態を解明する作業はあまりなされておらず、一般にもほとんど知られていないのが実状である。神戸について言えば、神戸市の歴史を最も総合的に叙述しているはずの『新修神戸市史』（１９８９年　神戸市発行）にも、神戸の捕虜収容所や民間人抑留所のことは全くと言っていいほど触れられていない。その理由は、これらの施設は戦争の期間中だけの存在であり、かつ、一般の日本人の目からは隔離されていたこと、また、敗戦時に日本側が資料を焼却したことなどによるものと思われるが、国際都市神戸の歴史の中で、戦争中に外国人がどう取り扱われたかという重要な問題が欠落していることは大変残念なことである。

今回、神戸で歴教協大会が開かれるのを機会に、神戸市内に置かれていた捕虜収容所と民間人抑留所について、私の調べた範囲での概略を提示し、地域の歴史の掘り起こしと戦争体験の継承のための一助としたい。

神戸分所入口での日本兵（一九四四年撮影）
２　森田軍曹、４　竹中分所長、５宮武軍医

Ⅰ　神戸市内の捕虜収容所

１．日本国内の連合軍捕虜収容所

太平洋戦争の緒戦において、日本軍は東南アジアや西太平洋の占領地域で約３０万人に及ぶ連合軍兵士を捕虜とした。捕虜のうち植民地兵は、日本に反抗しないことを条件に、原則として釈放されることになったが、欧米人の兵士約１５万人は、現地に設置された捕虜収容所で俘囚の生活を送ることになった。

１９４２年４月、日本政府は国内の労働力不足を補う手段として、東南アジアに収容されている捕虜の一部を国内に移して使役する方針を決め、同年末から翌年初頭にかけて、函館、東京、大阪、福岡の４ケ所に本所を置く捕虜収容所を開設し、その傘下に分所、派遣所、分遣所などが設置された。これらは、主に鉱山・炭鉱や、京浜・阪神などの工業地帯に設置されることが多かった。

その後、１９４５年４月になって、本土決戦に備えた軍管区の再編成に対応して、新たに仙台、名古屋、広島の３ケ所にも捕虜収容所本所が開設され、この結果、本所の数は合計７つになった。

これら日本国内の収容所に収容された捕虜の総数は約３６０００人に達するが、それ以外に、移送中に輸送船が撃沈され、約１１０００人が海没するという悲劇があった。

国内の捕虜収容所の組織はたびたび改編され、大戦期間中に開設された本所・分所・派遣所・分遣所などは約１３０ケ所に及ぶ。その一方、途中で閉鎖されるものもあり、終戦時においては７ケ所の本所の傘下に、分所８１ケ所、分遣所３ケ所があり、合計３２４１８人の捕虜が収容されていた。そして、終戦までに約３５００人が死亡し、その死亡率は約１０パーセントであった。

なお、当時の日本では捕虜のことを「俘虜」と称するのが正式であったが、ここでは、現代語として常用される「捕虜」の言い方に統一しておく。

２．大阪捕虜収容所について

大阪捕虜収容所は１９４２年９月２３日に開設され、本所は大阪市港区五条通３丁目(現・築港２丁目）に置かれ、中部軍管区（近畿、東海など）内に設けられた多くの分所を管轄した。所長は村田宗太郎大佐であった。分所は阪神工業地帯や周辺の企業に労働力を提供する目的で設置されたものが多かった。

その後、１９４５年４月に、東海軍管区が中部軍管区から分離・独立したことに対応して、岐阜県、愛知県、三重県の分所は新設の名古屋捕虜収容所に移管された。また、これと相前後して、空襲と本土決戦に備える意味で、阪神工業地帯の分所の多くが、内陸部や日本海側に移転（疎開）することになった。

このようにして、敗戦時には大阪捕虜収容所は本所と１２分所および神戸俘虜病院から成る編成になっており、収容人員は４２５６人で、それまでに１１０５人が死亡した。

３．神戸市内に置かれた大阪捕虜収容所の分所

神戸分所

所在地：神戸市神戸区（現・中央区）伊藤町２８。

歴史：１９４２年９月２３日、大阪捕虜収容所神戸分所として開設。

１９４３年２月１８日、大阪捕虜収容所第１分所と改称。

１９４５年６月５日、神戸大空襲で焼失。捕虜は林田区（現・長田区）丸山町２丁目の神戸川崎分所跡地へ一時移動した後、６月２１日に葺合区（現・中央区）脇浜町３丁目の脇浜分所跡地へ移動して再開。

１９４５年８月、大阪捕虜収容所第２分所と改称。

１９４５年９月、閉鎖。

分所長：森本安治大尉（１９４２年１０月５日～１９４４年６月２０日）

竹中一男中尉（１９４４年６月２０日～１９４５年９月２日）

使役企業：日本通運湊川支店、神戸船舶荷役会社、三井倉庫、住友倉庫、上組、内海組などの荷役会社、および、東洋製鋼、吉原製油（西宮）、昭和電極（鳴尾）など。

終戦時収容人員：４８８人（英３６０、豪７３、米２６、蘭１７、ギリシャ５、アイルランド３、中国２、マルタ１、カナダ１）

収容中の死者：１３４人。

分所の梗概：東遊園地に隣接するオリエンタルホテルのレンガ造りの３階建の倉庫を転用。現在は三井生命ビルが建つ。

１９４２年１０月５日、香港からリスボン丸で送られて来たイギリス兵捕虜約４００人が入所したのが最初であるが、リスボン丸は東シナ海でアメリカの潜水艦に撃沈され、乗船していた１８００人の捕虜のうち約８００人は死亡、命からがら救助された約１０００人が大阪本所と神戸分所に配属されたものであり、収容後も多数の死者を出す原因になった。

神戸川崎分所

所在地：神戸市林田区（現・長田区）丸山町２丁目。

歴史：１９４２年１２月８日、大阪捕虜収容所川崎重工分所として開設。

１９４３年２月１８日、大阪捕虜収容所第５分所と改称。

１９４３年１０月２５日、大阪捕虜収容所第５派遣所と改称。

１９４５年５月２１日、閉鎖。捕虜は広島捕虜収容所、福岡捕虜収容所、名古屋捕虜収容所などに移動。

１９４５年６月５日、空襲で焼失した神戸俘虜病院の代替施設となる。

分所長：森本安治大尉（１９４２年１２月８日～１９４４年６月２０日）

浅川高吉中尉（１９４４年６月２０日～１９４５年５月１１日）

使役企業：川崎重工造船所（兵庫区東川崎町）

収容中の死者：５１人。

分所の梗概：建物は木造３棟。開設当初、米・蘭・豪・英などの捕虜が入所。捕虜は造船所まで神有電鉄（現・神戸電鉄）に乗るか、徒歩で１時間近くかけて通勤した。現在、跡地には老人ホームが建つ。

神戸脇浜分所

所在地：神戸市葺合区（現・中央区）脇浜町３丁目

歴史：１９４５年２月１日、大阪捕虜収容所第１８分所として開設。

　　　１９４５年５月２０日、閉鎖。捕虜は米原分所などへ移動。

　　　１９４５年６月２１日、空襲で焼け出された神戸分所の捕虜が入所し、神戸分所として再開。

分所長：竹中一男中尉（１９４５年２月１日～５月２０日）

使役企業：川崎製鉄所。

収容中の死者：５人。

分所の梗概：開設当初、台湾から送られて来たアメリカ・イギリス・オランダ兵捕虜など１９７人が入所。建物は脇浜小学校の鉄筋３階建の校舎を利用した。

神戸俘虜病院

所在地：神戸市葺合区（現・中央区）熊内町１丁目。

経緯：１９４４年７月１０日、大阪の市岡病室が移転、開設。

　　　１９４５年６月５日、空襲で焼失し（死者３人と負傷者１０人を出した）、林田区（現・長田区）丸山町２丁目の神戸川崎分所の跡地へ移転して再開。

病院長：大橋兵次郎軍医中尉。

病院の梗概：神戸中央神学校の施設を利用して開設。収容定員１４０人。各分所からの重病の捕虜を収容し、米・英・豪・蘭の捕虜軍医や衛生兵２２人が患者の治療にあたった。現在、跡地にはマンションが建つ。

４．捕虜の生活

①施設

捕虜収容所の建物は、企業の倉庫、従業員宿舎、学校などが転用された。寝室は板張りの床の上にゴザが敷いてある場合や、蚕棚式の２段ベッドの場合があったようである。分所からは毛布が支給された。風呂は設置されていることが多かったが、燃料不足で使えないこともあった。便所は日本式のくみ取り式が普通で、悪臭とハエに悩まされた。

②食事

食事は、茶碗一杯分の米飯、みそ汁、漬物という日本式の食事が基本であったが、パン食の場合もあった。最初は肉や魚が出ることもあったが、食料事情が深刻になるにつれて姿を消していった。昼食は、仕事場へ弁当を持参するのが普通であったが、企業の方で多少の食物を用意することもあった。たまに、国際赤十字からの救恤品が届いた時は、捕虜たちの喜びは大変なものだったという。

③衣服

衣服は捕虜の私物の他、日本軍の作業服と同様のものが支給された。

④娯楽

捕虜は、トランプや楽器の演奏を楽しむこともあったが、普段は娯楽らしいことは望めなかった。しかし、クリスマスは欧米人にとって最大の行事なので、この日は精一杯お祝いの行事が行われ、捕虜たちは演劇やコーラスを披露し、日本軍もそれを容認した。

⑤通信

捕虜は、国際赤十字を通じて、１００文字以内等の制限つきで本国の家族と交信できることになっていたが、実際に手紙のやり取りができたのは、収容期間を通じて１、２回あったかどうかという程度だった。

⑥労働

捕虜の生活規則は、午前５時３０分起床、午後８時３０分消灯などが普通であった。

労働は、１日８時間労働、週１回休みが建前になっていたが、実際には、それ以上の長時間労働を強いられるケースが多く、また、労働は苛酷で食料不足の捕虜の身にこたえるものであった。捕虜の労働に対しては賃金が支払われたが、基本的には預金通帳での授受であった。日本軍の規定では、賃金は企業から軍に対して捕虜１人あたり１日１円が払われ、そのうち捕虜の受け取り分は、兵卒は１日１０銭、下士官は１５銭、准士官は２５銭、将校は階級に応じて様々、などとなっている。

⑦医療

分所に医務室はあったが、よほどのことでなければ入れてもらえず、病気で仕事を休むと食事は半分に減らされた。

⑧監視員と懲罰

監視員の暴力はひどく、捕虜は些細なことでも日常的にビンタを食らわされた。特に盗みなどに対する懲罰は苛酷で、残酷な殴打の他、重い物を持って長時間起立させられる、食料抜きで営倉に閉じこめられるなどの例が多くあった。

⑨死者

最大の死因は、食料不足、苛酷な労働、衛生環境の悪さなどによる栄養失調や病気であった。神戸分所ではリスボン丸で移送されて来た捕虜の衰弱死が多かった。神戸大空襲の時、神戸俘虜病院では死者が３人出たが、神戸分所では、奇跡的に全員無事脱出できた。

５．捕虜の解放と戦犯裁判

日本の敗戦と同時に、アメリカ軍は連合軍捕虜兵士にただちに救援の手を差し伸べ、日本政府に対して、各地の捕虜収容所の屋根に「ＰＷ」と標記することを命じた上で、艦載機やＢ２９による救援物資のパラシュート投下作戦を行った。そして、捕虜の集結拠点を指定し、１９４５年9月１日の降伏文書調印後、ただちに係官を派遣して捕虜を受領した。彼らは鉄道等を利用して、長崎、静岡県新居町、横浜、東京の大森、北海道千歳などに集合し、同年9月中には、ほとんどの捕虜が沖縄・マニラ経由で本国へ帰還した。

一方、占領軍は１９４５年末から戦犯容疑者の逮捕に乗り出し、それとともに横浜でのＢＣ級戦犯裁判の審理が開始された。

開戦直後、連合国側は日本政府に対して、捕虜の人道的待遇を定めた「ジュネーブ条約」を適用するよう要望した。これに対して日本政府は、同条約を批准はしていないが、その規定を準用すると通告した。しかし実際には、日本側による捕虜の取り扱いは「人道的」にはほど遠いものであった。

横浜裁判で起訴された事件の総数は３２７件、被起訴人員は１０３７人であるが、そのうち国内の捕虜収容所関係者に対するものは２２２件、被起訴人員４７５人であった。これは、日本軍による日常的な暴力、逃亡捕虜の殺害、医療処置の欠如、食料の支給不足、赤十字救恤品の横領などが罪に問われたものである。この結果、全国のほとんどの分所で戦犯者を出しており、そのうち２８人が死刑を執行された。

大阪捕虜収容所においても、本所長の村田宗太郎大佐の無期懲役をはじめ、約７０人が有罪判決を受けたが、神戸市内の収容所に関係する戦犯者の氏名は以下の通りである。

森本安治大尉（大阪副所長、神戸・神戸川崎・尼崎分所長）	懲役４０年
竹中一男中尉（神戸・神戸脇浜・広畑・播磨分所長）	懲役４年
宮武郁夫軍医中尉（神戸分所）	懲役２０年
福田茂軍曹（神戸分所）	懲役２年
森田弘之軍曹（神戸・神戸川崎分所）	懲役１５年
東口亮一軍属（神戸脇浜・能登川分所）	懲役１４．５年
坂本光次郎准尉（神戸川崎分所、梅田・野田沼分所長）	懲役３年
古屋達彦軍曹（神戸川崎分所）	懲役２０年
西川貢軍属（神戸川崎分所）	懲役８年
花守富雄民間人（神戸川崎分所）	懲役１２年
金丸竹雄民間人（神戸川崎分所）	懲役７年
大滝章民間人（神戸川崎分所）	懲役５年
山本政治民間人（神戸川崎分所）	懲役４年
頼常修二民間人（神戸川崎分所）	懲役２年

【参考文献】

◆俘虜情報局編『俘虜取扱の記録』（１９５５年　防衛庁防衛研究所図書館所蔵）

◆茶園義男編・解説『大日本帝国内地俘虜収容所』（不二出版　１９８６年）

◆「Chronological Chart of ex－Prisoner of War Camps in Japan Proper」（米国国立公文書館所蔵 GHQ／SCAP法務局資料 RG331 Box No. 1305）

◆「Roster of Deceased Allied POWs in Japan Proper」（国会図書館憲政資料室所蔵 GHQ／SCAP法務局資料 LS－03399～03404）

◆「Reviews of the Yokohama Class B and Class C War Crimes Trials by the U.S. Eighth Army Judge Advocate 1946－49」（国会図書館憲政資料室所蔵）

◆「GHQ法務局調査課報告書」７９号・２０６号（大阪本所）、８０号（神戸脇浜分所）、１６６号・１９５号（神戸川崎分所）（国会図書館憲政資料室所蔵）

II　神戸市内の敵性外国民間人抑留所

1．太平洋戦争下の連合国籍民間人の抑留

１９４０年から４１年にかけて、日米関係が緊迫し、開戦が必至の情勢となった時、日本にいた連合国籍の外国民間人の多くは本国へ引き揚げたが、外交官の他、日本に生活基盤があって引き揚げ難い者、日本での布教活動に殉ずる決意の固いカトリックの聖職者など、一定数の外国人はなお残留していた。そして、彼らのうちの相当数は１９４１年１２月８日の日米開戦と同時に身柄を拘束され、全国各地に設置された民間人抑留所に送られることになった。

敵国人となった民間人の行動を監視し、あるいは抑留するのは、当然と言えば当然であるが、そのねらいは、内務省警保局外事課作成の『外事月報』１９４１年１２月分によると、「敵国人抑留の措置は、戦時に際し、敵国戦力の減殺に資するとともに、諜報、謀略等の秘密戦を封止すべき非常措置たるを本旨とし、併せて当該外国人の保護警戒をも包含すべきものなり」とあり、具体的な抑留対象者として、「十一月二八日警保局外発甲第九七号　外事関係非常措置に関する件通牒」を引用して、（イ）敵国の軍籍にあるもの、（ロ）敵国人たる船員及航空機の乗員又は其の資格ある者、（ハ）敵国人中十八歳以上四十五歳迄の男子、（ニ）特殊技能者（無電技師、軍需工場の技師等）、（ホ）検挙すべき者以外の外諜容疑者等、としている。即ち、青壮年の男子が敵国の戦力となることを防ぐことが第１の目的であり、同時に敵国人によるスパイ活動を防止する目的もあったのである。

これにもとずいて、開戦時、全国で３４２人の外国人（イギリス１０６人、アメリカ９３人、カナダ６７人、オランダ２３人、その他５３人）が、２７都道府県３４ケ所の抑留所に抑留された。

上記のような「抑留の本旨」から言えば、女性、高齢者、年少者などは抑留の対象にならない分けで、一部の例外を除いて、彼らは概ね自宅にとどまることを許された。しかし、それらの人々も全て特高警察の厳しい監視下での生活を余儀なくされた。外交官も抑留所に送られることはなかったが、それぞれの大使館や領事館で軟禁状態に置かれた。なお、これ以外に、戦前・戦中を通して、スパイ容疑で警察や憲兵に摘発され、留置場や刑務所に留置された外国人も少なからずあったようであるが、その実態は今のところ十分には解明されておらず、今後の研究課題である。

１９４２年3月、管理上の便宜をはかるため、全国各地の抑留所は6ケ所に整理統合された。『外事月報』１９４２年3月分によると、これらは警視庁抑留所（東京）、神奈川抑留所（横浜市）、兵庫抑留所（神戸市）、長崎抑留所（長崎市）、宮城抑留所（仙台市）、広島抑留所（三次市）であり、近隣の都道府県に抑留されていた外国人は、これらの抑留所に移された。

この後、抑留対象者の種類や人数は、戦局の推移とともに様々な紆余曲折を経るが、その経過は以下のようなものである。

（1）交換船による抑留者の帰国

戦争勃発によって当局の監視下に置かれたり身柄を拘束された敵国民間人は、日本側、

連合国側ともに存在しており、これらの人々を相互に送り返すために、日米間で２回、日英間で１回、日豪間で１回の交換船が仕立てらた。

１９４２年6月２５日、第１次日米交換船として、日本からは日本郵船の浅間丸が、内地と満州に在留していたアメリカ人を乗せて横浜から、また２９日、イタリア船籍のコンテベルデ号が中国大陸に在留していたアメリカ人を乗せて上海から出航し、アメリカ駐日大使 Joseph C. GREW など約１５００人の外交官・民間人を送り出した。アメリカからは、中立国スウエーデン船籍のグリップショルム号が、野村吉三郎・来栖三郎両駐米大使など約１６００人の邦人を乗せてニューヨーク港を出航した。双方の交換船は中立国ポルトガルの植民地東アフリカのロレンソ・マルケスで落ち合い、乗船者を交換して、それぞれの本国へ帰港した。

同年７月３０日、横浜港を出港した第１次日英交換船龍田丸により、内地・外地・満州国に在留していたイギリス連邦及びヨーロッパ諸国の外交官や民間人４５４人が、ロレンソ・マルケスを経由して帰国し、交換として８７７人の邦人を収容した。

同年８月１１日、鎌倉丸が神戸港から上海に向かい、中国大陸に在留していたアメリカ・イギリス人を乗せ出港、交換としてオーストラリア、ニュージランド、蘭印方面の在留邦人を収容して帰国した。

１９４３年9月１３日、第２次日米交換船帝亜丸が横浜港を出港し、神戸、上海、香港、シンガポールなどで在留外国人を収容し（内地の抑留所からは１２４人）、ポルトガル領ゴアでアメリカ側と落ち合い、約１５００人の外交官と民間人を送還した。

これらの措置によって、抑留者数は一時減少した。

（2）海外から連行された民間人の抑留

一方、日本国内在住の外国民間人とは別に、国外で日本軍に捕まった外国民間人が国内に連行されて来て抑留される以下のようなケースがあった。

①日本軍は開戦直後にグアム島を占領したが、その時捕まったアメリカ人４２１人が、４２年１月に香川県善通寺捕虜収容所に収容された。しかし、このうち１３２人は民間人で、捕虜に該当しないことが判明したため、兵庫抑留所へ移されることになった（3月に、さらに6人追加)。

②ドイツの通商破壊船にインド洋で拿捕されたオーストラリア船ナンキン号などの乗客１３８人が、４２年７月に開設された福島抑留所（福島市）に抑留された。

③日本軍のニューブリテン島ラバウル占領時、オーストラリア人の看護婦など１８人の女性が捕まり、神奈川第二抑留所（横浜市）に抑留された。

④日本軍がアリューシャン列島のアッツ島を占領した時、アリュート人の住民４０人が「保護」されて日本本土へ送られることになり、４２年９月に開設された北海道抑留所（小樽市）に抑留された。

⑤インドネシア近海で拿捕されたオランダの病院船オプテンノール号のオランダ人船員とインドネシア人船員７９人が、４２年１２月から広島抑留所（三次市）と宮城抑留所（仙台市）に分散して抑留された。

これら連行型の抑留者は、日本国内に設置されていた民間人抑留所の抑留者数の半分以上を占め、しかも、グアム島から兵庫抑留所へ送られたアメリカ人女性７人が第１次日米交換船で帰国した以外は終戦まで抑留され続けている。さらに、②～⑤の場合は対外的にその存在が秘密とされている。本来、捕虜や民間人抑留者については、国際赤十字を通じて相手国にその存在を通告しなければならないが、日本軍には国際法を遵守する姿勢が基本的に欠けていた。さらに、②が秘匿された理由としては、ドイツの通商破壊船の行動が軍事機密であったこと、⑤は、オランダの病院船を拿捕して日本軍の病院船として利用したことが国際法に違反する行為であったためと考えられる。③と④については、今のところよくわからない。

(3)抑留強化措置による抑留者の増大

１９４２年秋、戦局が次第に厳しくなるとともに抑留強化措置がとられ、新たに女性の聖職者なども抑留対象になった。『外事月報』１９４２年１０月分によると、新たに抑留すべき者として、

(イ)外諜容疑ある者又は防諜上支障ある者

(ロ)邦人との接触を利用し我国民の戦意又は団結に支障を及ぼす虞ある者

をあげており、その理由として「大東亜戦争勃発に際し検挙せられ其の後釈放されたるものの中一部は爾余の被疑者に対する捜査上の必要其の他の事由に依り自宅看視に付し来れるも、最早今日に於いては其の事由消滅せると防諜上の危険を慮り之を新たに抑留に加ふることとせり。・・・(中略)・・・・殊に学校教師、宣教師等は師弟関係、信仰関係に於ける特殊の地位を擁し、関係邦人に対し由々敷悪影響を与えつつあるを認められ、・・・・」としている。

即ち、今まで比較的大目にみられて自宅生活を続けていた女性や高齢の教師・宣教師なども、防諜や日本国民の戦意高揚の観点から、放置しておくのは好ましくないとされたのである。このような結果、日米・日英交換船による帰国で一時減少した抑留者数が再び増加し、特に女性の抑留者が急増したために、警視庁抑留所（東京）は女性専用となり、男性抑留者は１０月から新たに開設された埼玉抑留所（浦和市）に移されている。

(4)降伏後のイタリア人・ドイツ人、参戦後のロシア人などの処置

１９４３年９月のイタリア降伏によって、在日イタリア人は微妙な立場に立たされた。即ち、連合国に同調するバドリオ政権の側につく者は、敵国人に準ずるものとして抑留されることになり、ヒットラーに助けられたムッソリーニ政権の側につく者は同盟国民として抑留を免れた。この結果、警視庁抑留所（東京）にイタリア公館員４２人が抑留され、また、愛知抑留所（名古屋市）が１０月に開設され、イタリア民間人１９人が抑留されることになった。

１９４５年５月のドイツ降伏によって、同盟国民でなくなった在日ドイツ人も監視の対象になったが、敵国人ではないので、基本的には抑留されることはなかったようである。

１９４５年８月のソ連参戦によって、在日ロシア人は当然抑留対象になるはずと思われるが、敗戦前1週間だけのことであり、また、この時期の資料も見当たらず、ロシア人の抑留状況はよく分からない。

その他、１９４４年末から４５年にかけて、ドイツの占領から解放された東ヨーロッパ諸国では、ソ連に友好的な政権ができていき、日本とは敵対的となるので、これらの国民も抑留または厳重な監視対象になったはずであるが、詳細は不明である。

なお、抑留ではないが、１９４５年に入ってから、空襲や本土決戦を考慮して、都市部に住む在日外国人は中国人を除いて全て箱根、軽井沢などへ強制疎開させられた。

(５)終戦による抑留解除

日本の敗戦により、抑留者は解放され、本国へ帰還するか、日本での市民生活に復帰することができたが、抑留中の生活は食糧難などにより、どこでも非常に苦しいものであったようである。民間人抑留所では、捕虜収容所のように重労働を強制させられることはなく、また監視員による暴行・虐待の度合いも小さかったと言えるが、それでも、ある程度の病死者が出ている。戦後の戦犯裁判では、神奈川第１抑留所の責任者１人が懲役１２年、福島抑留所の責任者２人が懲役５年の有罪判決を受けている。

２．兵庫抑留所の設置

外国人の多く居住する国際都市神戸にも、当然抑留所が設置され、開戦と同時に神戸市灘区青谷町１丁目５２６のカナダ学院寄宿舎（第１抑留所）に３５人、神戸区（現・中央区）北野町１の２４のイースタンロッジ（第２抑留所）に９人、合計４４人が抑留された。彼らの職業は貿易商や宣教師、英語教師などで、国籍はアメリカ、イギリス、オランダなどであった。また、抑留所となった建物は外国人の所有であったが、敵国資産として日本側に接収されたものであった。

年が明けた１９４２年１月、日本軍のグアム島占領で捕まったアメリカ人４２１人が香川県善通寺捕虜収容所に送られて来たが、このうち１３２人は民間人で、捕虜に該当しないことが判明したため、２３日に兵庫抑留所へ移された。この他に、スペイン人の神父２人がいたが、彼らは敵国人でないので、東京へ移送された。

１３２人のうち男性５６人は、新たに接収されて第３抑留所とされた神戸市神戸区（現・中央区）北野町２の５０のバターフィールドエンドスワイヤー汽船会社の社宅に、男性７４人は、同じく第４抑留所とされた神戸市神戸区（現・中央区）伊藤町１０９のシーメンズミッション・インスティテュートに収容された。彼らはグァム島の基地建設のために働いていたＪ．Ｈ．ポメロイ土木会社（本社サンフランシスコ）の労務者、公共事業局の職員、パンアメリカン航空会社の社員、スタンダード石油会社の社員、ケーブル通信会社の社員、宣教師などであった。この他に、グアム島で捕虜になった兵士の妻のルビー・ヘルマーズ（３４才）と、その子供のチャーリン（１才）という母子が含まれており、この２人はイースタンロッジに収容された。そのため、兵庫抑留所の２月の抑留者数は一挙に１７６人に増えた。

グアム島からの抑留者たちは開戦最初期の抑留者であったため、その消息は新聞報道にもなり、対外的にも明らかにされている。そして、日本が抑留者を人道的に取り扱っていることを宣伝するために、４２年１月３１日には、陸軍省俘虜情報局の指示により、ＮＨＫ国際部の職員とともに第３抑留所で海外放送用の録音が行われた。リーダーのエルドリッジ以下４０人の抑留者たちは、検閲済みの原稿にもとずいて、全員口をそろえて、食事、娯楽、運動などの面でよい待遇を受け、満足していると述べたという。

１９４２年３月、先述のように全国各地の抑留所は６ケ所に整理統合されたが、この時、兵庫抑留所へは、近畿・北陸方面で抑留されていた２０人（京都府７人、大阪府５人、滋賀県４人、奈良、三重、石川、富山の各県１人）が新たに送られて来た。さらに、グアム島からのアメリカ人男性１人と女性５人（海軍看護婦）が、善通寺捕虜収容所から追加で送られて来た。このため、３月の兵庫抑留所の抑留人員は合計２０５人になった。

４２年６月２５日、第１次日米交換船浅間丸により、兵庫抑留所の抑留者の一部が帰国した。『外事月報』１９４２年６月分によると、この時、関西方面では、大阪・神戸の連合国領事館員などの外交官と、兵庫県や大阪市の在留民間人若干の他、兵庫抑留所からはアメリカ人２４人が帰国している。この中には、グアム島で捕まったヘルマーズ母子と海軍看護婦５人が含まれていた。このため、６月の抑留人員は１８７人になった。

続いて７月３０日、第１次日英交換船龍田丸により、兵庫抑留所からはイギリス人１６人とオランダ人６人が送還され、７月の抑留人員は１６５人になった。

このようにして、抑留者数は一時減少したのであるが、４２年秋になって、抑留強化措置がとられ、新たに女性の聖職者なども抑留され、抑留者数は再び増加した。

兵庫抑留所では大阪府在住者７人、兵庫県在住者３５人が新たに抑留されているが、このうち女性が３３人を占めている。兵庫県武庫郡良元村（現・宝塚市）小林の小林聖心女子学院では、１８人の女性教師・修道女が抑留され、神戸市神戸区（現・中央区）下山手通２丁目の聖マリア女学院では６人の女性教師・修道女が抑留されている。

『小林聖心女子学院五〇年史』から抑留の様子を引用してみると、「昭和一七年九月には、連合国側の国籍をもつ修道女に対して全員引揚の勧告がなされ、これに応じない者は収容所に連行されることになった。小林では、当時マザー・ハミルトンとシスター・チマーヌスが重病の床にあり、幸い、シェルドン院長はこの二人の看護婦として残ることを許された。上記三名を除く一八名のシスターは、同月二三日、神戸のイースタンロッジに収容され、さらにその後長崎へ送られた。このうちマザー・ギブスは、開戦前にアメリカ国籍を抜き帰化の申請を出していたのがようやく認められて一九年春、マザー伊藤マリ子となって抑留を解除され、小林にもどった。・・(中略)・・・　一七名のシスターが帰ってきたのは、終戦の年の秋一〇月一七日であった。米軍の軍艦で和歌山まで運ばれた後、そこからさらに軍の大型トラック二台に荷物ともども積み込まれて、なつかしい坂道を登ってきたのである。もどった者、待った者、それぞれ手をとり合って、小林の丘は再開の喜びにわきたった。」とある。

またこの時、抑留強化処置とは別に、第２次日英交換船に乗船するために満州から引き揚げて来て神戸に一時滞在していた聖職者１７人が、交換船の見通しが立たなくなったために、兵庫抑留所に抑留されることになった。このため、１０月の抑留者数は２２０人に増大した。

なお、１０月１０日、第４抑留所になっていたシーメンズミッション・インスティテュートは、隣に大阪捕虜収容所の神戸分所ができることになったため、管理上不都合として閉鎖され、かわって神戸区（現・中央区）山本通２丁目９のチャータード銀行社宅に移転することになった。

１９４３年９月１６日、第２次日米交換船帝亜丸により、兵庫抑留所からは８人（アメリカ人５人、カナダ人１人、グアテマラ人１人、イギリス人１人）が帰国した。

これ以後しばらくは、抑留者数にあまり大きな変化はなかった。

この時期までの兵庫抑留所の抑留者の生活実態について、赤十字国際委員会駐日代表事務所のスイス人H．C．アングストとM．ペスタロッチが１９４４年3月１３～１４日に、兵庫第１～第４抑留所を視察した報告書が、外務省外交資料館やアメリカの国立公文書館内に残されている。この内容を要約すると以下のようである。

赤十字代表の視察に対しては、日本側は表面を取り繕い、実態を隠蔽しているので、かなり割り引いて考えねばならないが、抑留所の生活を知る上で一定の参考にはなる。

第１抑留所（カナダ学院寄宿舎）

住所は、神戸市灘区青谷町１丁目５２６で、神戸市の東端の南向きの丘の中腹にある。面積は３５エーカーで、生け垣で囲まれている。建物は、各階の床面積が４１５平方メートルの３階建で、レンガ造りの土台と地下室をもつ西洋風の木造建築である。

収容能力は８０人で、訪問時の収容人員は６１人。国籍の内訳はアメリカ人２９人、イギリス人２４人、オランダ人３人、ベルギー人１人、グァテマラ人１人、無国籍３人。前の居所は神戸在住者が２９人、グァム島から連行されたアメリカ人２７人、金沢から１人、大阪から１人、京都から１人、高岡から１人、満州国から１人。

寝室は１６室で、１人用から１１人用まであり、平均２人用。

第２抑留所（イースタンロッジ）

住所は、神戸市神戸区（現・中央区）北野町１丁目２４で、三宮駅から北へ８～１０分ぐらい坂を登った所にある。元はインドホテルで、敷地面積は１２００平方メートル、建物部分の面積は６６０平方メートルである。建物はレンガ造りの土台に外国風の木造２階建で、建物の枠は桃色に塗ってあるが、屋根は日本式の瓦屋根である。南隣にはインドクラブの建物がある。外観は寂れた印象も受けるが、内部設備は良好である。寝室は、平均２人部屋が２３ある。

訪問時の収容人員は４３人。国籍の内訳はイギリス人３１人、カナダ人９人、アメリカ人２人、ベルギー人１人。前の居所は神戸在住者が２７人、満州国から１４人、大阪から１人、京都から１人。

第３抑留所（バターフィールド＆スワイヤー汽船会社社宅）

住所は神戸市神戸区北野町２丁目５０で、南向きの日当たりの良い明るい丘の中腹にある。面積は１６エーカーで、生け垣と板塀で囲われている。建物は、地下室のある西洋式の３階建の石造建築。１階と２階は５３０平方メートルで、３階は少し小さい。神戸では大きな良い個人住宅の１つである。

収容能力は７０人で、訪問時の収容人員はグァム島から連行されたアメリカ人５７人。

寝室は９室で、小は３人用、大は７人用。抑留者はベッドで寝る。

第４抑留所（チャータード銀行社宅）

住所は、神戸市神戸区（現・中央区）山本通２丁目９。山の手の住宅街にある。グアム島から送られて来たアメリカ人５０人を収容。スペースにはゆとりがない。

第１から第４までの抑留所全体の状況として、以下のようなことが言える。

①室内設備

寝具は各自所有しているが、それがない者は抑留所長から提供される。暖房は、燃料の欠乏もあって、寝室にまでは配置されていなかったようである。便所や風呂は、西洋式の水洗便所やシャワー浴室が整っていたようであるが、燃料の欠乏から、十分には使えない場合もあったらしい。。

②食物

食事は、第１抑留所では７０～８０席の食堂があり、コックは中国人男性４人と日本人男性１人で、１人の日本人女性が手伝う。第３抑留所では調理場はなく、外部のレストランで作られた食事が抑留所へ運ばれた。

食料事情は、当初はそれほど悪くなかったが、日を追って厳しくなっていき、抑留者の体力は衰えていった。そのため、国際赤十字からの援助物資が届いた時は、抑留者たちは大変喜んだという。

③医療

第１抑留所には簡単な診察室と救急用具があったが、第３抑留所には診療室はなく、救急用具のみであった。アメリカの大学の学位をもったカネコという日本人の医者が各抑留所を巡回し、大変慕われていたという。歯科と眼科の検診は抑留所外の神戸市内へ行き、重病人は神戸国際病院に入院させた。

④衣料品

住所が近くの抑留者は、私物を抑留所へ持ち込むことが認められていた。グアム島からの抑留者たちは、１９４３年１２月に「帝亜丸」で届けられたアメリカ赤十字の冬用の衣類一式、オーバーコート、靴１足を各人に支給されている。

⑤経済

抑留者の貯金は、抑留所長の承認にもとずいて使うことができる。グアム島からの抑留者たちは、保護国である東京のスイス公使を通じて毎月５０円を受け取っている。その他の援助金としては、バチカンからの寄付金があった。

⑥毎日の規則

起床時間と消灯時間が決められており、朝と晩に点呼がある。抑留者たちは、抑留所の維持・修繕の仕事や、抑留所の近郊の丘で薪を集める仕事などをする。第１抑留所では、抑留者たちによって運営される売店があり、簡単な日用品が買えた。喫煙は容認されているが、タバコは手に入りにくかった。

⑦宗教活動

特に規制はなく、抑留者の神父によって英語で礼拝が行われた。

⑧レクリエーション

国際赤十字やＹＭＣＡの中立委員会から、遊技道具や図書が差し入れられ、室内では読書、楽器の演奏、チェス、トランプ、ピンポンなどを楽しみ、屋外では散歩、バレーボールなどをし、たまに、抑留所の外へハイキングに行くこともあった。ニワトリの飼育や菜園での野菜作りも行われていた。知識人は、外国語の勉強や自分の研究に励む者もいた。

⑨通信

国外へは英語・フランス語・ドイツ語１００語以内で、月に１回手紙を出せ、国内へは最近親者に手紙を出せることになっていたが、実際には手紙はあまり届かなかった。

３．兵庫抑留所の再度山への統合・移転

１９４４年５月、抑留所が分散していることは管理上不便であることに加えて、本土空襲の恐れが出て来たため、これらの抑留所は閉鎖され、神戸市の再度山（神戸区神戸港地方ロ一里山）にあった再度山学園という私立の林間学校を借り受けて統合・移転することになった。

この学校は１９３４年から、神戸の繊維財閥の竹馬産業の社長が社会奉仕事業として、体の弱い子供に教育を施すためにつくったもので、比較的裕福な家庭の子供が多く、医療設備なども充実していた。しかし、戦争が激しくなるにつれて物資も不足し、学校の運営は困難となり、学園側も民間人抑留所として使用したいという兵庫県の要望に同意したようである。ただし、『外事月報』１９４４年５月号によると、学園の保護者の一部に「釈然たらざるものを抱蔵し、反対趣意を投書せるものありたるも・・・」とあり、学園や保護者が喜んでこれに応じたのかどうかは疑問もある。

そして、５月２３日から２６日の間に、第１、第３、第４抑留所の抑留者（全員男性）１５９人は再度山へ移転を完了した。残る第２抑留所には、女性（宝塚の小林聖心女子学院の修道女１７人、神戸のセントマリア女学院の修道女６人、大阪の聖母女学院の修道女１人、大阪の信愛女学院の修道女１人、満州からの女性宣教師など６人、神戸在住者の妻１人）と、満州からの宣教師夫婦（８人）の合計４０人が抑留されていたが、これらの抑留者は全員長崎抑留所に移されることになり、第２抑留所は７月に閉鎖された。それと交換に、長崎抑留所から新たに男性１５人が再度山の抑留所へ移って来た。その結果、再度山の抑留所では男性ばかり合計１７４人が暮らすことになった。

抑留所の生活は朝晩の点呼がある他は比較的自由であった。抑留者たちは自治委員会をつくってリーダーを選出し、委員長にはグアム島から来たＣ．Ｈ．エルドリッジ、副委員長には大学出でグアム島の会社で会計係をしていたＣ．Ｈ．ウッドラフが選ばれた。また、イギリス人のＨ．メーソン（妻が混血）、アメリカ人のＤ．ハッター（混血）、アメリカ人のＢ．ジョーンズ（日本名城司、妻日本人）など、日本語に堪能な神戸の居留民３人が通訳の役割を果たした。抑留所を管轄したのは兵庫県警察本部の外事課で、所長の日笠武敏警部補の下で１６人の私服の警察官が８人ずつ１昼夜交代で警備にあたっていた。

抑留所は１１棟の建物からなり、中心になる木造２階建ての校舎内には、廊下に沿って１０ばかりの教室があり、これを部屋として使った。各部屋には壁に沿って２段ベッドが設置されていた。部屋の外側と廊下側に面したところはガラス障子がはめられていた。

抑留所は標高３００メートルほどの松林の中にあり、夏は快適であったが、冬は寒さが厳しかった。しかし、各部屋にはストーブが設置され、燃料不足の折でも、山には薪が沢山あったので暖をとることができた。風呂はなかったが、シャワーが設置されていた。電気関係などの故障や、器物が破損した場合は、グァム島から来た抑留者たちは建設・土木・電気工事などの経験者が多かったので、素早く修理することができた。

食事は、県庁雇い入れの業者がコック５人と雑役係３人（日本人４人、中国人４人）を使って調理し、それを別棟の食堂で食べた。毎日の食糧は、４、５人が輪番で平野街道を下って兵庫区平野町へ行き、そこでトラックで運ばれて来た米、パン、バター、肉、魚、野菜等を受け取り、抑留所から引っ張って来た牛車に積み替えて持ち帰った。

抑留者の外出は禁止されていたが、神戸在住者の家族の面会や差し入れは、週に１回、時間を決めて許されていたので、子供連れの家族が訪れる姿がよく見られた。生活必需品の持ち込みもやかましくは言われなかったので、食料品、身の回り品を持参するのはもちろん、昼食をともにすることもあった。グァム島から来た抑留者たちはそれをうらやましげにながめていたという。ただし、グアム島から来た抑留者には、利益保護国のスイス領事から援助金が与えられていた。

娯楽はトランプ、チェスの他、新聞、雑誌、小説もあった。手紙は兵庫県外事課を通じてのみ発送受信がなされた。１９４４年のクリスマスパーティーには、物資欠乏の中でビールが３人に１本の割合で特別配給され、抑留者たちは喜んだ。

神戸にあった交戦国の領事たちが全て本国へ引き上げた後は、中立国のスイス領事が抑留者の生命・財産の保護を委託されたので、時々抑留者の状況視察のために訪問し、その結果報告がそれぞれの国へ通知された。スイス領事が訪問して来る時は、国際赤十字から送られて来る慰問品として幅４５センチ、高さ１５センチぐらいの紙箱が当初１人当たり３箱くらい支給されたことがある。中には粉ミルク、チョコレート、粉コーヒー、せっけん、たばこ、ビスケット等が入っており、お互いに欲しい物を交換していた。この他、スイス領事の特別な配慮によってビタミン剤も配給されていた。

１９４５年3月１７日の深夜、神戸は大空襲に見舞われたが、その時、１機のＢ２９が日本軍戦闘機の体当たり攻撃を受けて空中分解し、抑留所の人々が見上げる中で、再度山に墜落するという事件が起こった。搭乗員１１人のうち９人が墜落死したが、そのうち４人の遺体は抑留所の周辺に落下し、１人は抑留所の前の松の木に座席に座ったままの姿でぶら下がっていた。他の５人の遺体は、再度山頂西部の塩ガ原公園付近に墜落した尾翼部の残骸の中にあった。これらの遺体の埋葬作業には抑留所の人々が協力し、認識票などから判明した名前を墓標に書き込んだ。

また、Ｒ．Ｗ．ネルソン少尉とＡ．Ｓ．オーガナス軍曹という２人の飛行士がパラシュート降下し、夜が明けてから警官によって抑留所へ連れて来られた。彼らは兵庫県警外事部から神戸憲兵分隊に引き渡され、翌日、大阪の中部憲兵隊司令部へ送られたが、後に中部軍の軍律会議にかけられて、無差別爆撃を理由に斬首刑に処せられた。

抑留者たちは、あちこちにちらばっていたＢ２９のジュラルミンの破片を持ち帰り、フライパンやナベなどの道具を作って利用したという。

抑留者たちは壁に地図を張り、新聞等から得た情報により戦況を判断していた。そしてほとんどの者は、石油の他、物資の豊かなアメリカは決して負けないと信じていた。

空襲が激化すると、神戸在住の抑留者の家族の安否が気遣われるようになり、県庁でも彼らの家族を一括して収容する疎開先を探していたが、有馬の旅館「兵衛」は海軍省関係の傷病兵保養所として、また「御所の坊」は陸軍被服廠の寮として借り上げられ、その他の所もほとんど軍が契約済みで、折衝を続けているうちに終戦となった。

戦後、抑留所は浮浪児を収容する神戸再度山学院として使用されていたが、１９５０年代に神戸市が法務省から譲り受け、神戸市立産業技術院訓練宿舎として使用、１９７７年に廃止された。その後、抑留所の跡地は「社会福祉法人くすのき会　知的障害者更生施設ひふみ園」と、神戸市立「若者の家」になり、「若者の家」の木造平屋建１棟だけは当時の建物らしいものが残っていたが、残念ながら、最近取り壊された。

終戦時、再度山抑留所の抑留人員は１６４人であった。終戦後、米軍による戦犯調査が行われたが、所長の日笠警部補は抑留者を親切に取り扱っていたので、抑留者から慕われ、抑留所関係者が戦犯に問われることはなかった。しかし、物資欠乏の中での抑留者の生活はやはり厳しかったようで、抑留解除後の死亡者も含めて終戦までに１２人（グアム島からのアメリカ人５人、神戸在住のアメリカ人１人、神戸と大阪在住のイギリス人３人、神戸在住のカナダ人１人、長崎抑留所から移されて来たベルギー人１人、住所不明のオランダ人１人）の死者が出ている。また、盗みを働いたり、逃亡を企てたりする抑留者もあり、その時は罰として独房に閉じ込められるなどの処置がとられたこともあったが、これはやむを得なかったと思われる。

資料１：兵庫抑留所の抑留者数の推移

兵庫抑留所の抑留者数は頻繁に変動したが、『外事月報』によって表に示すと以下の通りである。

	米	英	加	豪	蘭	ベルギー	希	グアテマラ	印	NZ	ノルウエー	無	合計
41年12月	6	25			8	1	1	2				1	44
42年 2月	139	25			9			2				1	176
42年 3月	158	30	1	1	10	1		2	1			1	205
42年5月	158	34	1	1	12	1		2	1			1	211
42年6月	134	34	1	1	12	1		2	1			1	187
42年7月	134	18	1	1	6	1		2	1			1	165
42年10月	141	52	11	3	5	2		2	1	3			220
42年11月	141	51	11	3	5	2		2	1	3			219
43年1月	141	51	11	3	5	2		2	1	3			219
43年3月	141	58	11		5	2		2					219
43年4月	141	56	11		5	2		2					217
43年5月	141	57	10		5	2		2					217
43年8月	141	50	11	3	5	2		2		3			217
43年12月	135	49	9	3	4	2		1		3			206
44年3月	135	49	9	3	4	2		1		3			206
44年5月	132	46	9	2	4	2		1					199
44年8月	130	27	7		5	3		1			1		174
45年8月	130	20	6	1	4	1		1			1		164

資料２：兵庫抑留所の死亡者名簿

Joseph Willoughby（79才　男　イギリス人　機械技師　神戸市灘区スイドウ筋一丁目）

1941年12月9日、第1抑留所に抑留。42年1月28日、喘息と中風のため一時抑留解除、7月12日、自宅で死亡。

George A. Wustig（67才　男　アメリカ人　無職　グアム市民）

第3抑留所から県立神戸病院に入院し、1942年2月7日、慢性腎臓疾患と急性気管支炎のため死亡。神戸区山本通1丁目の外人葬儀業チャールズ・ミッチェル方において、アルバート・ドンロン司祭により葬儀が営まれ、グアム島抑留者26人が参列。遺骸は葺合区春日野外人墓地に埋葬。

W. G. Johnston（65才　男　アメリカ人　グアム　公共事業局）

第3抑留所から神戸国際病院に入院、1943年10月11日、慢性心臓疾患と腎臓疾患のため死亡。遺骨はスイス領事に引き渡された。

Martin P. Gahley（49才　男　アメリカ人　グアム　建設会社機関士）

第3抑留所から神戸国際病院に入院、1944年3月14日、急性肺炎のため死亡。外人葬儀業者チャールズ・ミッチェル方において、抑留者の代表が参列して葬儀。遺骨はスイス領事に引き渡された。

William H. Hickman（64才　男　イギリス人　教師　大阪市天王寺区堂ケ芝町）

第1抑留所に抑留中の1944年3月22日、慢性心臓病と急性肺炎により死亡。外人葬儀業者チャールズ・ミッチェル方において、抑留者の代表が参列して葬儀。

Hedrick・オルク（45才　男　オランダ人）

1943年9月24日、病死。詳細不明。

Perry J. Griffiths（63才　男　イギリス人　トムソン商会支配人　神戸市神戸区海岸通り）

1942年5月から第1抑留所に抑留中、44年4月1日、心臓麻痺により死亡。外人葬儀業者チャールズ・ミッチェル方において、抑留者の代表が参列して葬儀。

Harold H. Wickmann（32才　男　アメリカ人　グアム　建設会社火薬爆破係）

第4抑留所から神戸国際病院に入院。1944年4月1日、慢性胆嚢炎により死亡。外人葬儀業者チャールズ・ミッチェル方において、抑留者の代表が参列して葬儀。

K. McFarlane（42才　女　カナダ人　教師　兵庫県宝塚市小林聖心女学院）

1943年12月17日抑留解除、1944年5月死亡。

Fred Haller（70才　男　アメリカ人　無職　グアム市民）

第3抑留所から再度山抑留所へ移った後、神戸国際病院に入院し、1944年10月13日、胃ガンのため死亡。遺骨はスイス領事に引き渡された。

Pourbaix（62才　男　ベルギー人　宣教師　長崎県西彼杵郡弓矢上村田中）

1945年1月14日、神戸国際病院で死亡。

E. Kopp（60才　男　アメリカ人　古物商　神戸市神戸区山本通）

第1抑留所から再度山抑留所へ移った後、1945年1月16日、心臓疾患で死亡。遺骨は夫人に引き渡された。

資料３：終戦時の兵庫（再度山）抑留所の抑留者名簿

これは、外務省外交史料館所蔵資料、国立公文書館所蔵資料、ＧＨＱ資料などに基づいているが、それぞれに食い違いがみられ、やや不正確な点もある。

第1抑留所（カナダ学院宿舎）から

Thomas E. Evans	37男　アメリカ	神戸オッペンハイマー商会支配人

		神戸市須磨区垂水町
David Hatter(通訳係)	46 男　アメリカ	神戸オリバーエバンス商会支配人
		神戸市葺合区加納通
Barney T. Jones（通訳係）	40 男　アメリカ	会社員　　　芦屋市芦屋前田
Henry J. Ambrose	53 男　イギリス	無職　　　神戸市神戸区山本通
Frederick E. Down	47 男　イギリス	輸出商　　　神戸市灘区大石長峰山
Richard Down	43 男　イギリス	大阪日瑞貿易会社社員 兵庫県武庫郡御影村岸本
George W. Gabaretta	49 男　イギリス	神戸コザヤ商会支配人 神戸市葺合区野崎通
Theodore J. De Heez-Moor	44 男　イギリス	会社支配人　　　神戸市？ 区？通
Harold J. Mason(通訳係)	42 男　イギリス	グロンソン合名会社商会員　　神戸市
John R. Price	34 男　イギリス	日本クロニクル社記者　神戸市神戸区山本通
Henry K. Ramsden	45 男　イギリス	カメロン商会員　　　神戸市葺合区
Reginald G. Smith	23 男　イギリス	大阪エッカン商会社員　神戸市葺合区
Herbert C. W. Price	63 男　イギリス	ウイルキンソン会社員(宝塚炭酸株式会社重役)
		兵庫県武庫郡良元村
Percival G. Walker	34 男　イギリス	日本ユナイテッドアーチスト会社大阪支店長
		兵庫県武庫郡瓦木村
George E. Brown	63 男　イギリス	無職　　　兵庫県明石郡？？村田中
Caranet M. Aratoon	67 男 イギリス(無)	無職　　　神戸市神戸区山本通
Harold Arab	52 男　イギリス	ブローカー　　神戸市灘区篠原中町
Reginald H. Blyth	48 男　イギリス	第四高等学校英語教師　京都府宮津市上鷹匠町
Stanley A. Pardon	39 男 イギリス	高岡高等商業学校語教師
		富山県高岡市中川　　高岡高等商業学校官舎
James Stevenson	65 男　イギリス	宣教師　　満州国奉天
Vincent M. Pauliot	43 男　イギリス	宣教師　京都市左京区田中飛鳥井町
Arthur W. Peacock	59 男　オーストラリア	神戸市立第一神港商業学校英語教師
		大阪市北区東野田桜宮アパート
Conraad W. Brand	43 男　オランダ	銀行支配人　　　神戸市須磨区垂水町
Charles T. G. Rolandus	49 男　オランダ	大阪外語教師　　神戸市葺合区籠池通
Peter Gasille	44 男　オランダ	輸出商　　　神戸市須磨区垂水町
Joseph Spae	33 男　ベルギー	宣教師　　　京都市左京区曼殊院巽町
Jose E. A. Lopez	40 男　グァテマラ	ウインクラー商社員　神戸市葺合区上筒井通
	グアム島からのアメリカ人２３人	

小計　　　５０人

※以下の５人は第１抑留所から再度山抑留所へ移ったが、終戦前に抑留解除された模様。

H. j. ターナー	71 男	イギリス	カナダ学院教師	神戸市灘区青谷町
W. j. トーマス	60 男	イギリス	保険鑑定業	神戸市灘区琵琶町

E. J. キッソン	74	男	イギリス	神戸クラブ書記	神戸市？？区岩屋北町
F. j. デイ・ブリート	54	男	イギリス	無職	神戸市灘区上野通
A. K. ファンデンモー	68	男	オランダ	貿易商	大阪市

第３抑留所（バターフィールド＆スワイヤー汽船会社社宅）から

グアム島からのアメリカ人５３人

小計　５３人

第４抑留所（シーメンズミッション　→　チャータード銀行社宅）から

グアム島からのアメリカ人５１人

小計　５１人

長崎抑留所から

G. W. Calicher	61	男	オランダ	無職	長崎県南高来郡西有家町
Helge Albrethson	43	男	ノルウエー	無職	長崎市松ケ林町 42
Edwin Parker	64	男	イギリス	無職	長崎市大浦町 26
Alcantara Morean	49	男	カナダ	宣教師	長崎市本原町 3 の 535
Calixte Simard	32	男	カナダ	宣教師	同上
Prudent J. Monfette	41	男	カナダ	宣教師	同上
Henri Robillard	47	男	カナダ	宣教師	福岡市大濠町 49
Gaston Aubry	38	男	カナダ	宣教師	同上
Jacques Trudel	40	男	カナダ	宣教師	同上
Cheng Joo Tan	59	男	イギリス	牧畜業	鹿児島市鴨池 765

小計　１０人
総計　１６４人

※以下の４人は長崎抑留所から再度山抑留所へ移ったが、終戦前に抑留解除された模様。

Edward ﾍﾞﾝｼﾞﾏﾝ ﾏｰﾁ	67	男	イギリス	無職	長崎市大浦出雲町 22
John T. ウオン	68	男	イギリス	無職	長崎市南山手町 8
A. F. ギャップ	69	男	イギリス	無職	長崎県西彼杵郡村松村 143
S. W. M. イソーマス	72	男	ベルギー	無職	長崎市南山手町 22

※再度山抑留所に移転した時、第２留所（イースタンロッジ）に抑留されていた下記の４０人は長

崎抑留所へ送られた。

A. Atkinson	52	女	アメリカ	教師　兵庫県武庫郡良元村　小林聖心女学院
M. Marshall	60	女	イギリス	教師　同上
C. バステイル	40	女	イギリス	尼僧　同上
G. Borg	42	女	イギリス	尼僧　同上
B. フェッチ	39	女	イギリス	尼僧　同上
J. B. フエーク	40	女	イギリス	尼僧　同上
N. ラフリン	52	女	イギリス	尼僧　同上
M. ライアン	64	女	イギリス	尼僧　同上
j. ターナー	42	女	イギリス	尼僧　同上
C. クレック	43	女	イギリス	尼僧　同上
R. マッケイナー	52	女	カナダ	教師　同上
C. ホランド	64	女	ｵｰｽﾄﾗﾘｱ	教師　同上
B. F. ゴールター	48	女	ﾆｭｰｼﾞﾗﾝﾄ	教師　同上
F. フリン	40	女	ﾆｭｰｼﾞﾗﾝﾄ	尼僧　同上
E. E. スプロール	71	女	ﾆｭｰｼﾞﾗﾝﾄ	教師　同上
A. ギーセン	49	女	ベルギー	教師　同上
C. E. キネス	62	男	イギリス	貿易商　神戸市神戸区山本通 3-24
M. E. キネス	62	女	イギリス	妻　同上
メリー G. グレゴリー	35	女	イギリス	教師　大阪府北河内郡友呂岐村三井 聖母女学院
エカテリーナ・ワットソン	45	女	イギリス	無職　ハルビン市義州街 132
イレン・ワットソン	25	女	イギリス	無職　同上
アーサー・オリバー	57	男	イギリス	宣教師　奉天
アグネス・オリバー	66	女	イギリス	妻　同上
ジョン・ドワード	56	男	イギリス	宣教師　同上
ジョセフィン・ドワード	52	女	イギリス	妻　同上
トマス・パーカー	59	男	イギリス	宣教師　同上
アン・パーカー	38	女	イギリス	妻　同上
エリザベス・マスプレーゴ	54	女	イギリス	校長　同上
ローレンス・ウエターバン	57	男	イギリス	宣教師　浜江省？城県
エセル・ウエターバン	62	女	イギリス	妻　同上
カロリン・フリックストン	51	女	イギリス	宣教師　熱河省赤峰街
マーガレット・マッコム	50	女	イギリス	宣教師　浜江省呼蘭県
ドロシー・クロフラード	42	女	イギリス	宣教師　奉天省新民県
ソール・スタニスラス	42	女	カナダ	音楽教師　大阪市旭区古市大通 4-5 信愛女学院
M. A. ベルベ	31	女	カナダ	修道女　神戸市神戸区下山手通 2 丁目 聖マリア女学院

C. ブーシェル	39　女　カナダ	修道女	同上
I. デスチェネス	39　女　カナダ	教師	同上
T. セントピエール	31　女　カナダ	教師	同上
M. C. レイモンド	30　女　カナダ	教師	同上
M. モラン	36　女　カナダ	教師	同上

【参考文献】

◆小宮まゆみ「太平洋戦争下の『敵国人抑留』　～日本国内に在住した英米系外国人の抑留について～」（１９９９年　「お茶の水史学」４３号所収）

◆鴻山俊雄「神戸市の裏山にあった外人抑留所再度キャンプ」（１９７８年　「日華月報」１４６号）

◆内務省警保局外事課『外事月報』１９４１年１２月号～１９４４年９月号（１９９４年　不二出版復刻）

◆国会図書館憲政資料室所蔵「ＧＨＱ法務局調査課報告書」４６２号（英文）

◆外務省外交史料館所蔵「大東亜戦争関係一件　交戦国間敵国人及俘虜取扱振一般及諸問題　帝国権下敵国人収容所視察報告」（A-7-0-0-9-11-1-9）

◆外務省外交史料館所蔵「大東亜戦争関係一件　交戦国間敵国人及俘虜取扱振関係　帝国権下敵国人関係　在本邦敵国人関係」（A-7-0-0-9-11-2-1）

◆国立公文書館所蔵史料「内務省　LIST OF INTERNEE　1945 年 8 月 31 日」(3A-15-45-10)

◆小林聖心女子学院「小林聖心女子学院５０年史」（１９７３年）

◆ Donald T. Giles Jr.『Captive of the Rising Sun』（１９９４年　Naval Institute USA）

◆ James O. Thomas『Trapped with the Enemy』（２００２年　Xlibris Corporation USA）

ミス・リー『戦中覚え書』に記された敵性外国人抑留所・捕虜収容所

山内　英正

松蔭女子学院の宣教師文書研究会は、黒澤一晃・芦塚英子・柳田谷・山内英正・吉村厚子などのチームワークで、宣教師の回想録や書簡の翻刻・翻訳註を続けてきた。そして一五年以上かけて『松蔭女子学院史料』全八集を刊行した。

第八集に収録した『戦中覚え書』(War-time Memoirs of Leonora Edith Lea) の著者、ミス・リーは、自筆履歴書（国立公文書館蔵）によれば、一八九六年カナダのノヴァ＝スコシアで生誕し、二～一六歳まで日本に滞在、一九二一年にイギリスのチェルテン公女子大学卒業、一九二七年に教育宣教師として再来日した。カナダ産まれのイギリス人ゆえ日英・日米交換船のどちらにも乗船できなかったため、大戦下の神戸に留まり、自宅軟禁にも拘わらず同胞のため精力的な活動を行なった。戦後は松蔭女子短期大学の第二代学長や聖ミカエル国際学校の校長を務め、一九七一年に没した。

彼女の回想録は、戦時下神戸の外国人の動向を伝える貴重な史料である。殊に敵性外国人抑留所や捕虜収容所、敵国人食糧配給所、神戸空襲の記述は興味深い。神戸の抑留所に関しては、福林徹「神戸にあった捕虜収容所と敵性外国民間人抑留所」(『歴史地理教育』七二三号、二〇〇七年)、小宮まゆみ『敵国人抑留―戦時下の外国民間人』(吉川弘文館、二〇〇九年) などがある。「外事月報」やGHQ文書などの第一次史料も、今日参照利用することができる。

ミス・リーの回想録に記された記事を紙幅の許す限り紹介しよう。第一抑留所（加奈陀学校宿舎、当時灘区青谷町一丁目五二六番地）には、聖ミカエル教会（現、聖ミカエル保育園の地）の角を曲がった所に住んでいたジェームズ・スティーヴンソン牧師が一九四一年一二月八日に抑留された。スティーヴンソン牧師は預金を八代斌助主教の名義にしていたため、スティーヴンソン牧師の家で働いていたお手伝いの女性が、八代主教を脅して金をせびった。オール＝セインツ教会（前、神戸税務署の地）の牧師館に住んでいたブルック牧師は、それ以後、まだ一週間は抑留を免れた。

第二抑留所（イースタン＝ロッジ、当時神戸区北野町一丁目二四番。現、神戸電子専門学校の地）には、ミス・シェパードが抑留された。彼女はコーンウォール＝リーやミス・シメオンと共に明石に住んでいたが、宣教師協議会のパンフレットを全国に発送する仕事にかかわっていたため危険人物と見做され、女性でありながらいち早く抑留されてしまった。コーンウォール＝リーは草津でハンセン病患者のために献身し、一九四一年一二月一八日に明石で亡くなった（中村茂『草津「喜びの谷」の物語―コーンウォール・リーとハンセン病』教文館、二〇〇七年)。ミス・シメオンはそのまま自宅軟禁となった。ミス・リーは自宅軟禁ではあったが自由に出歩き、毎日のようにミス・シェパードを訪問して励ましている。警察による自宅捜索では、手持ちの四枚の地図を没収されている。イースタン＝ロッジはインド人が経営していたので、ミス・リーは『戦中覚え書』でインディアン＝ロッジと記している。この抑留所には朝鮮から護送されたアーノルド神父とドレーク神父も抑留されていた。

第四抑留所となったシーメンズ＝ミッション（神戸区伊藤町一〇九番地。現、中央区同町同番地「ルネ神戸旧居留地」)には、シーメンズ＝ミッションと聖ペテロ教会の世話役であったアレン牧師が一二月八日の朝、前述のスティーヴンソン牧師と共に第一抑留所に抑留されたため、日本語が話せないアレン夫人が一人取り残された。彼女は二部屋のみ使用が許され、他の部屋にはグアム島から連行された人々の抑留所となった。しかし一九四二年一〇月一〇日には閉鎖され、チャータード銀行支店長宅（当時神戸区山本通二丁目九番）に移転された。

この第四抑留所のすぐ東には、伊藤町筋を挟んで捕虜収容所神戸分所（神戸区伊藤町一一八番地）があった。この捕虜収容所は一九四五年六月五日の神戸大空襲で焼失破壊されたため、一時捕虜を神戸川崎分所跡地（林田区丸山町二丁目）に移転させ、次いで六月二一日に脇浜分所跡地（葺合区脇浜三丁目一六番）に再移転させた。ジョン＝レイン、平田典子（訳）『夏は再びやって来る』（神戸学生センター出版部、二〇〇四年）にはジョン＝レインが描いた神戸分所（Kobe House）の見取り図が掲載されているが、東町通を仲町通（NAKA MACI DORI）と誤記しているため、平田典子氏は「神戸港にかかわる連合軍捕虜と収容所について」（神戸港における戦時下朝鮮人・中国人強制連行を調査する会（編著）『神戸強制連行の記録―朝鮮人・中国人そして連合軍捕虜』明石書店、二〇〇四年）では、この見取り図を採録しつつ、仲町通の場所を自己判断して原図と変更しているが、北町通の場所に誤記している。平田氏も福林氏も捕虜収容所の番地を伊藤町二八番地とするが、旧居留地の番地は基本的に変更されていないので、参照された史料の〝一一八〟を〝二八〟と誤読して誤記したのであろう。

なお、『戦中覚え書』には第三抑留所（バターフィールド＆スワイヤー汽船会社、当時神戸区北野町二丁目五〇番）と移転後の第四抑留所にかかわる記述はない。また、神戸萬国病院（神戸国際病院、移転後は神戸海星病院。当時葺合区国香通七丁目一番。現、中央区神若通七丁目一番一号）には、満州国の駐ハルビン領事であったイギリス人のアーチャー夫妻と二人の子供が抑留されていたと記されている。

捕虜収容所神戸脇浜分所（脇浜国民学校、当時葺合区脇浜町三番一六番）に関しては、二つの興味深い記

事がある。戦争が終ると、八代斌助主教は収容所で捕虜のために聖餐式を行なった。三人の将校がトラックで迎えに来た。聖餐式のテーブルの上には、食糧や衣料を詰めたドラム缶投下のためにアメリカ軍機が用いたパラシュートが、テーブル＝クロスの代わりにかけられていた。礼拝のあと、主教は四年ぶりにコーヒーとハムエッグを御馳走になった。ジョン＝レイン氏の前掲書や奥住喜重・工藤洋三・福林徹『捕虜収容所補給作戦―B-29部隊最後の作戦』（私家版、二〇〇四年）によれば、脇浜には八月二八日に最初の投下が行なわれているので、八代主教はこの日より後に訪れたことになる。主教は収容所から古材木を持ち帰り、聖ミカエル教会の焼け跡に掘っ立て小屋を建てて、〝神戸大聖堂〟と呼んだ。

戦時下神戸にはドイツ人・ロシア人・中立国人・抑留を免れた敵国人（イギリス・イギリス植民地・アメリカ・オランダ・ベルギーなど）、その他数種の食糧配給所がつくられた。イングリッシュ＝ミッション＝スクール（現、聖ミカエル国際学校）の敷地の中のウォーカー氏の家の半分が、敵国人食糧配給所になっていたが六月五日の大空襲で焼失した。このため焼け残ったミス・リーの家（当時神戸区山本通二丁目二一番。現、中央区山本通二丁目一〇番一号）で業務が受け継がれた。戦後、脇浜の捕虜収容所へ食糧不足の窮状を訴えに行くと、翌日トラック三台分の食糧が届けられた。ドラム缶で投下された食糧のお裾分けである。一〇月には国際委員会が結成され、ミス・リーは食糧配給の業務から解放された。

帰国できないことを神の意思と思い、強い信仰心を心の支えとして、苦しむ人々のために尽くし続けたミス・リーに、私は深い感動を覚える。神戸の人々の厚情も『戦中覚え書』から伝わってくる。

居留地の街から　近代神戸の歴史探究

2011年11月30日　第1版第1刷発行

編者――神戸外国人居留地研究会
発行者――岡部信夫
発行所――神戸新聞総合出版センター

ZOOM 講演会案内・再録

＜神戸港 平和の碑＞の集い 2022 in ZOOM

2008 年 7 月 21 日、ＫＣＣビル前に＜神戸港 平和の碑＞が完成しました。アジア・太平洋戦争の時期に神戸港で強制労働を強いられた朝鮮人・中国人・連合国軍捕虜の歴史を刻んだものです。「神戸港における戦時下朝鮮人・中国人強制連行を調査する会」では、石碑建立以降、毎年４月に、＜神戸港 平和の碑＞の集いを開催しています。

しかしいま、コロナがまだ収束を見せていません。今年も、昨年に続いて ZOOM で開催したいと思います。アジア・太平洋戦争期の連合国軍捕虜については「調査する会」で、『神戸港強制連行の記録－朝鮮人・中国人そして連合国軍捕虜』（明石書店、2004/1/7）等を発行しています。

今回は「民間人抑留」をテーマに講演会を開きたいと思います。神戸でも捕虜ではない連合国の民間人が、抑留されたのです。小宮まゆみさんは『敵国人抑留－戦時下の外国民間人』（吉川弘文館、2009/2/1）を出されたこのテーマの第一人者です。「アジア・太平洋戦争下の「敵国」民間人抑留—神戸の場合—」のテーマで講演していただきます。飛田は、故福林徹さんの調査にもとづき現地調査などを行い、「アシスト自転車、再度山さん、そして、「敵国人」抑留所」（『むくげ通信』308 号、2021.9）を書いています。

＜神戸港 平和の碑＞の集い２０２２ in ZOOM
日　時：２０２２年4月9日（土）午後３時～４時半

●講演①「アジア・太平洋戦争下の「敵国」民間人抑留—神戸の場合—」
小宮まゆみさん

●講演②「再度山にあった民間人抑留所」　飛田雄一

会　場：ZOOM
参加費：無料

※恒例の雅苑酒家での懇親会はありません。来年はモニュメント前での集会と懇親会が開催できるでしょう？！
※参加希望者は、飛田（ひだ）hida@ksyc.jp まで連絡をお願いします。

神戸港における戦時下朝鮮人・中国人強制連行を調査する会
代表　安井三吉／副代表　徐根植、林伯耀
事務局長　飛田雄一
＜事務局＞
〒657-0051 神戸市灘区八幡町 4-9-22
　神戸学生青年センター内
TEL 078-891-3018 FAX 078-891-3019
e-mail　hida@ksyc.jp　URL https://ksyc.jp/kobeport/

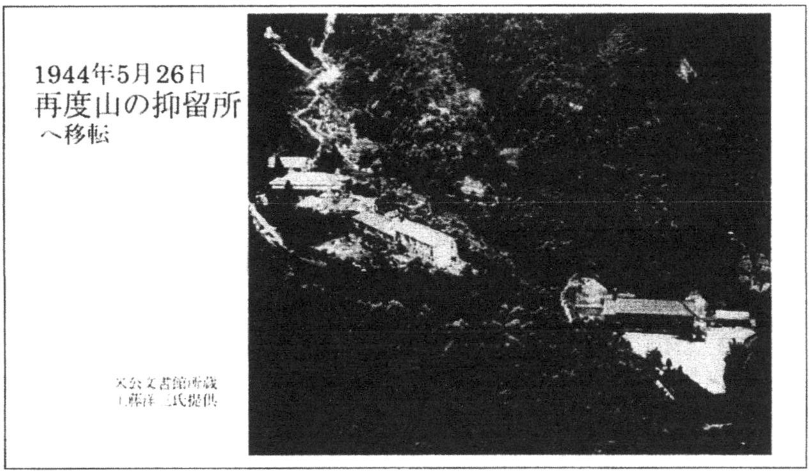

小宮まゆみさんのパワーポイントより

ISBN978-4-906460-62-5
C0036 ¥600E

＜資料集＞「アジア・太平洋戦争下の「敵国」民間人抑留ー神戸の場合ー」

2022年4月30日　発行
編集・神戸港における戦時下朝鮮人・中国人強制連行を調査する会
発行・神戸学生青年センター
〒657-0051 神戸市灘区八幡町4-9-22
TEL 078-891-3018 FAX 078-891-3019
URL https://ksyc.jp/　e-mail　info@ksyc.jp
定価　本体価格600円＋税

ISBN978-4-906460-62-5 C0036 ¥600E